ଶହେଟି ସନେଟ୍

ଶହେଟି ସନେଟ୍

ବିଭୁଦତ୍ତ ମିଶ୍ର

ବ୍ଲାକ୍ ଇଗଲ୍ ବୁକ୍ସ
ଭୁବନେଶ୍ୱର, ଓଡ଼ିଶା

BLACK EAGLE BOOKS
Dublin, USA

ଶହେଟି ସନେଟ୍ / ବିଭୁଦତ୍ତ ମିଶ୍ର

ବ୍ଲାକ୍ ଇଗଲ୍ ବୁକ୍ସ : ଭୁବନେଶ୍ୱର, ଓଡ଼ିଶା ● ଡବ୍ଲିନ୍, ଯୁକ୍ତରାଷ୍ଟ୍ର ଆମେରିକା

 BLACK EAGLE BOOKS

USA address:
7464 Wisdom Lane
Dublin, OH 43016

India address:
E/312, Trident Galaxy, Kalinga Nagar,
Bhubaneswar-751003, Odisha, India

E-mail: info@blackeaglebooks.org
Website: www.blackeaglebooks.org

First International Edition Published by
BLACK EAGLE BOOKS, 2024

SHAHETI SONNET
by **Bibhudutta Mishra**

Copyright © **Tarunakanti Mishra**

All rights reserved. No part of this publication may be reproduced, stored in a retrieval system, or transmitted, in any form or by any means, electronic, mechanical, photocopying, recording or otherwise without the prior permission of the publisher.

Cover & Interior Design: Ezy's Publication

ISBN- 978-1-64560-552-2 (Paperback)

Printed in the United States of America

୧

ତୁମକୁ ପାଇବା ପାଇଁ ଧୂଳି-ଧୂମ-ଧୂସର ଧରାରେ
ଜନ୍ମନେବି ବାରବାର, ସହି ସବୁ ଜୀବନର ଭାରା,
ତୁମକୁ ପାଇବା ପାଇଁ, ଏଡ଼ି ମୁକ୍ତି ନିର୍ବାଣର ଲୋଭ
ଥରେ ନୁହେଁ, ଲକ୍ଷେ ବାର ବରିନେବି ସଂସାରର କାରା ।

ଗାଇବାକୁ ତୁମ ରୂପ, ଶୋଭା, ଶିରୀ, ଯଶ, ଗଉରବ
ମୁଁ ହେବି ବିଦଗ୍ଧ କବି, କୋଟି କାବ୍ୟ କରିବି ରଚନା,
ତୁମରି ପ୍ରୀତିର ଲାଗି, ଧରିତ୍ରୀର ମାୟା-ମୋହ ଭୁଲି
ନୀରବେ, ନିଭୃତେ ବସି ଯୋଗୀ ସମ କରିବି ସାଧନା ।

ତୁମରି ପ୍ରୀତିର ଲାଗି, ବରିନେବି ଶତ ଅପବାଦ
ଧରଣୀର ନିର୍ଯ୍ୟାତନା, ଅପମାନ, ନିର୍ମମ ଲାଞ୍ଛନା,
ଜୀବନ-ଜଞ୍ଜାଳ-ବିଷ ସୁରାସମ ପିଇବି ଆଦରେ
ହୃଦୟର-ବୀଣାତାରେ ଖେଳାଇବି ମଧୁର ମୂର୍ଚ୍ଛନା ।

ସ୍ୱର୍ଗ ନାହିଁ ମାଗେ କବି, ନାହିଁ ଚାହେଁ ବିଭବ, ଗୌରବ
ନିତ୍ୟ ତା'ରେ ମୁଗ୍ଧ କରୁ ଖାଲି ତୁମ ପ୍ରୀତିର ସୌରଭ ।

୨

ତୁମକୁ କରିଛି ବଡ଼, ତୁମ ଲାଗି ଲେଖିଛି କବିତା
ଗାଇଛି ତୁମର ସ୍ତୁତି ଦିନରାତି ମାସ ବର୍ଷଧରି,
ବିଶ୍ୱର ସକଳ ଦୁଃଖ ନିର୍ଯ୍ୟାତନା, ନିନ୍ଦା-ଉପହାସ
ତୁମ ଲାଗି ହସି ହସି ମଥା ପାତି ନେଇଅଛି ବରି ।

ମର୍ତ୍ତ୍ୟର-ମାନବୀ ତୁମେ, ରୋଗ-ଶୋକ-ଯାତନା ଜର୍ଜର
ସ୍ୱର୍ଗର-ସୁରଭି ନେଇ ମୁଁ ତୁମରେ କଲି ମନୋରମା,
ରୂପେ ଗୁଣେ ପ୍ରେମେ ତୁମେ ସାଧାରଣ, ଅତି ସାଧାରଣ
ତଥାପି ବିରାଟ ହେଲ, ଯେଣୁ ତୁମେ କବି-ପ୍ରିୟତମା ।

କ୍ଷୁଦ୍ର ଦୀପ-ଶିଖା ତୁମେ, ସୂର୍ଯ୍ୟ ସମ ତେଜସ୍ୱର ଆଜି
କାନନ କୂଟଜ ତୁମେ, କୋଟି ପ୍ରାଣ ଗନ୍ଧେ ତବ ହଜେ,
ମୋହରି ମଧୁର ସ୍ପର୍ଶେ ଜୀବନର ବୀଣାତାରେ ତବ
ଉଠିଛି ସଙ୍ଗୀତ ଯେଉଁ କୋଟି ପ୍ରାଣେ ସୁର ତା'ର ବାଜେ ।

ହାତଗଢ଼ା ପ୍ରତିମାକୁ ବଡ଼ କରି, ଛୋଟ ହେଲି ନିଜେ
ଦୁନିଆ ତୁମକୁ ପୂଜେ, କବି ଆଜି ବିସ୍ମୃତିରେ ହଜେ ।

୩

ମୁଁ ପଢ଼ିଛି ସବୁ ଶାସ୍ତ୍ର, ନୀତିଗ୍ରନ୍ଥ, ସକଳ ପୁରାଣ
ମୁଁ ଶୁଣିଛି ଅଛି ନର୍କ, ମୃତ୍ୟୁପରେ ଭୟଙ୍କର ଅତି,
ତଥାପି ତୁମର ପ୍ରୀତିଲାଗି ଯଦି ନର୍କଦଣ୍ଡ ମିଳେ
କିଛି ମୋ ଆପତ୍ତି ନାହିଁ, ନୀରବରେ ନେବି ମଥା ପାତି ।

ମୁଁ ମାନେନା ଭଗବାନ୍, ପାପ, ପୁଣ୍ୟ, ସ୍ୱର୍ଗ, ନର୍କକଥା
ମୁଁ ଲୋଡ଼େନା ଅମରତ୍ୱ, ନିର୍ବାଣରେ ଲୋଭ ମୋର ନାହିଁ,
ଧରାର ଅସଂଖ୍ୟ ଦୋଷ-ଦୁର୍ବଳତା ନୈରାଶ୍ୟ ଯାତନା
ସବୁ ସହି କ୍ଲାନ୍ତ କରି ଜୀବନର ଗୀତ ଗାଏ ଗାଇ ।

ଏ ଦଗ୍ଧ ଜୀବନବୁକେ ଯେ ଲେପିଲା ଶୀତଳ ସୁରଭି
ଏ ଅଶାନ୍ତ ପ୍ରାଣତଟେ ଯିଏ ଦେଲା ପ୍ରୀତିର ପରଶ,
ଏ ନିଃସଙ୍ଗ ବୁକେ ଯିଏ ଜଡ଼ାଇଲା କୋମଳ ତା ବୁକୁ
ପାପ ହେଉ, ପୁଣ୍ୟ ହେଉ, ତାକୁ ଖାଲି କରିବି ବିଶ୍ୱାସ ।

ଭବିଷ୍ୟତ ବହୁ ଦୂରେ, ତା'ର ଲାଗି ନାହିଁ ମୋର ଭୟ
ରଖ ସବୁ ନୀତି-ଶାସ୍ତ୍ର, ସ୍ୱର୍ଗ-ସୁଖ, ନରକର ଦାହ ।

୪

ଉଜ୍ଜ୍ୱଳ ଆଲୋକ ମୁଗ୍ଧ କ୍ଷୁଦ୍ର ପ୍ରାଣ ଚିରକାଳ ମୋର
ଧାଇଁଛି ଅଗ୍ନିର ସାଥେ, ଦଗ୍ଧ କରି ଶୋଭନ ଶରୀର,
ରୂପର ପ୍ରଶସ୍ତି ଗାଇ ହରାଇଛି ଆପଣାର ରୂପ
ନିଜେ ଜଳି ଅନଳର ଗଉରବ କରିଛି ପ୍ରଚାର ।

ମୁଁ ଜାଣେ ଅନଳ ଅତି କ୍ରୂରପ୍ରାଣ ନିଷ୍ଠୁର ନିର୍ମମ
ସେନେହ ସୋହାଗ ପ୍ରୀତି ମମତାର ମଧୁର ପୀୟୁଷ,
ସିଏ କିଛି ବୁଝେ ନାହିଁ, ସବୁ ତା'ର ପାଶେ ମୂଲ୍ୟହୀନ
ଅପରେ ଦହିବା ଖାଲି ଏକମାତ୍ର ତା'ର ଇତିହାସ ।

ତଥାପି ସୌନ୍ଦର୍ଯ୍ୟ-ମୋହେ ଶିଳ୍ପୀପ୍ରାଣ ସବୁ ଜାଣିଶୁଣି
ସୃଷ୍ଟିର କି ଅଫୁରନ୍ତ ଅବାରିତ ଆହ୍ୱାନର ତାଳେ
ନିଜକୁ ପାରେନା ରୋକି, ଜୀବନର ନିୟୂତ ନରକେ
ଝାସଦେଇ ବାରମ୍ବାର, ହସି ହସି ଅଭିଶାପ ବରେ ।

ଦଗ୍ଧ ହୁଏ ଦେହ-ମନ ଯେତେ ବାର ଏ ଦୀନ କବିର
ସେତିକି ପ୍ରଦୀପ୍ତ ହୁଏ କବିତାର ମଧୁର ଝଙ୍କାର ।

୪

ଅଥଳ ଜୀବନ-ସିନ୍ଧୁ ସଲିଳେ ଭାସି
ଦେଖିଲି ବନ୍ଧୁ ଧୂସର ଧରାର ଛବି,
ଦେଖିଲି ଧରଣୀ ଆକାଶେ ଯାଇଛି ମିଶି
ଛାୟାପଥେ ପଥେ ଚନ୍ଦ୍ର ତାରକା ରବି ।

ପାଇଲି ଜନକ-ଜନନୀ ମମତା-ଧାରା
ପିଇଲି ପ୍ରେୟସୀ ଅଧରୁ ମଧୁର ମହୁ,
ଏ ଜୀବନ ହେଲା ପଲକେ ପୁଲକଭରା
ସହକାର ବନେ କୋଇଲି ଡାକିଲା କୁହୁ ।

ଭୋଗିଲି ବେଦନା ଢ଼ାଳିଲି ନୟନୁଁ ଲୁହ
ସାଧନାର ପଥେ ସଧୀରେ ଚାଳିଲି ପାଦ,
ବହିଲା ବତାସି, ଅଇଲା ପାଗଳ ଝଡ
ଦେଇଗଲା ଆଣି କାହୁଁ କେତେ ଅପବାଦ ।

ସୁଖ-ଦୁଃଖଭରା ଏଇ ଅନୁଭୂତି ଯେତେ
ରଖିଲି ସାଇତି, ଲେଖିଲି କବିତା କେତେ ।

୬

ତୋ ପୀରତି, ତୋ ମମତା, କବି କଲା ମୋତେ
ବୋଲି ଶୁଣେ ଅପବାଦ କାଲ-କାଳଧରି,
ତୋ ନୟନତୀରେ ଦେଖି ନବୋଦିତ ଉଷା
ମୋ ପ୍ରାଣ-ପଙ୍କଜ ବିକଶିତ ହେଲା ବୋଲି ।

ତୋ ଚାରୁ ଅଙ୍ଗୁଳି ସ୍ପର୍ଶେ ମୋ ଜୀବନ-ବୀଣା
ମଧୁର ମନ୍ଦିର ଛନ୍ଦେ ସଙ୍ଗୀତର ଧାରା,
ଛୁଟାଇଲା କୋଟି ପ୍ରାଣେ ଉଠାଇଲା ଢେଉ
ଚକିତେ ଚମକି ମୁଗ୍ଧ ହେଲେ ବିଶ୍ୱସାରା ।

ସବୁ କି ତୁମରି ଦାନ, ତୁମରି ଯୋଗ୍ୟତା
ଏ ଦୀନ କବିର କାହିଁ ନାହିଁ ଗଉରବ ?
ଏତେ ଶ୍ରମେ ଫୁଟାଇଛି ଯେ କୁସୁମରାଶି
ସବୁ ତୁମ ରୂପ-ରଙ୍ଗ-ମଧୁ-ସଉରଭ ?

ସକଳ ସଞ୍ଚୟ ମୋର ଏ ଜୀବନଭରି
ହରି ନେଇ ଧନ୍ୟ ଆପେ ହୋଇଛି କିଶୋରୀ ।

୭

ତୁମକୁ ଖୋଜି ଖୋଜି ଜୀବନସାରା
ଅନେକ ଦିନପରେ ପାଇଛି ଦେଖା,
ତୁମରେ ଖୋଜି କେତେ ଅପଥେ ଗଲି
ଅଯୋଗ୍ୟ ହାତେ ଦେଲି ପ୍ରୀତିର ଲେଖା ।

ଚାହିଁଛି ତୁମ ପଥ ଅନେକ ଦିନୁ
ଏ ପ୍ରାଣେ ତୁମ ପାଇଁ ପ୍ରଦୀପ ଜଳେ,
ଏ ହୃଦେ ତୁମ ଛଡ଼ା ଆଉ କେ ନାହିଁ,
ତୁମରି ଲାଗି ଏଥେ ମମତା ଝରେ ।

ଅତୀତେ ଯେତେ ଦୋଷ କରିଛି କବି
ଅମିୟ ଭ୍ରମେ କେତେ ପିଇଛି ବିଷ,
ଯାହାକୁ ଖୋଜି ଏତେ ସହିଛି ଦାଉ
ତୁମକୁ ପାଇ ତାହା ହୋଇଛି ଶେଷ ।

ଗୋଟିଏ କଥା ମନେ ରଖିବ ବାରେ
ତୁମଠୁଁ ବେଶି ଭଲ ପାଇନି କା'ରେ ।

୮

ଜୀବନପଥେ ରୂପସୀ କେତେ ଭେଟିଛି ନାହିଁ ମନେ
ତୁମ୍ଭରି ପରି କେଉଁଠି କାହିଁ ଦେଖିଲି ନାହିଁ ଜଣେ,
ତୁମ୍ଭର ସାଥେ କାହାର ଆଉ ତୁଳନା ନାହିଁ ଜମା
ସକଳ ଶୋଭା ତୁମ୍ଭଠି ଭରା ତୁମେ ଗୋ ଅନୁପମା ।

ଅଧରେ ତୁମ୍ଭ ସୂର୍ଯ୍ୟ ଉଠେ, ନୟନେ ନୀଳ କଇଁ
କମଳ କଳି ବକ୍ଷେ ତବ ପରଶ ଯାଏ ଦେଇ,
କଜଳ କଳା କବରୀ ତୁମ୍ଭ ଉପମାହୀନ ସିନା
ସକଳ ଶୋଭା ତୁମ୍ଭଠି ଭରା, ତୁମେ ଗୋ ନିରୁପମା ।

ହସିଲେ ତୁମେ ମୁକ୍ତା ଝରେ, ବଚନୁ ଝରେ ସୁଧା,
ଚାଲିଲେ ତୁମେ ପଦ୍ମ ଫୁଟେ, ସରଣୀ କହେ କଥା,
ନୟନେ ଯେତେ ଭଙ୍ଗୀ ତୋଳ କଳିବ କେ' ତା ସୀମା
ସକଳ ଶୋଭା ତୁମ୍ଭଠି ଭରା ତୁମେ ମୋ ମନୋରମା ।

ତୁମ୍ଭରି ରୂପ ମଦିରା ସମ ପାଗଳ କରେ ମୋତେ
ଧନ୍ୟ ହେଲା ଜୀବନ ମମ ତୁମ୍ଭକୁ ପାଇ ହାତେ ।

୯

ଭଲପାଅ ଯଦି ସତରେ, ଭୁଲିଯିବ ନାହିଁ କେବେ ଗୋ
ଚିରକାଳ ମନେ ରଖିବ, ଆସିବଟି ଝଡ଼ ଯେବେ ଗୋ
ବେଦନା-ବତାସି ବହିଲେ ଖୋଜିବ ତୁମର କବିରେ
ସବୁ ଦୁଃଖ-ଦୁଃଖକାଳରେ ପାଶେ ପାଶେ ତବ ଥିବି ଗୋ ।

ଏ ବୁକୁର ଯେତେ ଆଘାତ, ଗୋଟି ଗୋଟି ସବୁ ଶୁଣିଛି
ପରାଣର ଯେତେ କାହାଣୀ, ସବୁ ତୁମେ ପରା ଜାଣିଛ ।
ତୁମରି ପରଶେ ଭୁଲିଛି ସବୁ ବେଦନାର ଦାଉ ଗୋ
ତୁମ ବିନା ଏଇ ଜୀବନ ଲାଗେ ନାଇଁ ଆଉ ଗୋ ।

ଧରଣୀ ଦୀର୍ଘ ପଥରେ ଛାଡ଼ିଯିବ ନାହିଁ ସଜନି !
ତୁମରି ମଧୁର ପରଶେ ସ୍ନିଗ୍ଧ କରିବ ରଜନୀ,
ଜୀବନର ଯେତେ ବେଦନା ତୁମରି ପରଶେ ଭୁଲି ଗୋ
ସୁନେଲି-ସପନ-ସଉଧ ଦୁନିଆରେ ଯିବି ତୋଳି ଗୋ ।

ଅତୀତର ଯେତେ ତ୍ରୁଟି ମୋ, ନକରି ତା' ଲାଗି ଶୋଚନା
ନୂତନ ଭୂମିକା ନେଇ ଗୋ, କରିବି କବିତା ରଚନା ।

୧୦

ତୁମପରି ଆଉ କେହି ତ ପାଇନି ଭଲ,
ସକଳ ଯାଇନି ଏଇ କରପୁଟେ ଦେଇ,
ବୃଥା ଖାଲି ମୋର ଦୁଆରୁ ଦୁଆର ବୁଲା
ତୁମ ସହ କା'ର ତୁଳନା ପାରେନା ହୋଇ ।

ଜୀବନର ପଥେ କେତେ ଆସି ହେଲେ ସାଥୀ
ଭାଜିଲି ମନେ ମୋ, ବେଦନା ହୋଇଲା ଶେଷ,
ଭୁଲିବି ସକଳ ବିଫଳ ବେଦନା-ଦାଉ
ମରୀଚିକାରେ କି ତୁଟଇ ବୁକୁର ଶୋଷ ?

ସବୁ ତ ଛଳନା ଦି'ଦିନର ମିଛ ଖେଳ
ତୁମପରି କେହି ଦେଇନି ପରାଣ ଖୋଲି,
ନିଜ ଲାଭ ଆଶେ ସାଥୀ ହୋଇଥିଲେ ଯେତେ
ଏକା ଛାଡ଼ି ମୋତେ କେବେଠୁଁ ଗଲେଣି ଚାଲି ।

ତୁମରି ସେନେହ ଖୋଜିଛି ଜଗତସାରା
ଶେଷେ ମୁଁ ଭେଟିଛି ଶାନ୍ତ-ଜୀବନ-ଧାରା ।

୧୧

ସବୁ ଛାଡ଼ିଲିଣି ତୁମରି ଧିଆନ ଛଡ଼ା
ସବୁ ଭୁଲିଲିଣି ତୁମରି ପୀରତି ଲାଗି,
ଶୟନେ, ସ୍ୱପନେ, ଜାଗରଣେ ଥରେ ଅବା
ନୟନେ ନିରତେ ନାଚେ ତୁମ ରୂପ-ଛବି ।

ଯେତେ ଦେଖିଲେ ବି ଶାନ୍ତ ଆନନଶୋଭା
ସେତେ ଦେଖିବାକୁ ବାସନା ଜାଗଇ ମନେ,
ଯେତେ ଚୁମିଲେ ବି ମଧୁର ଅଧର-ଲୋଭା
ଆଉ ଚୁମିବାକୁ କାମନା ଉଠଇ ପ୍ରାଣେ ।

ଶିରୀଶକୋମଳ ସୁକୁମାର ତନୁ ତବ
ଆବେଗ-ଆକୁଳେ ଜଡ଼ାଇ ଏ ବୁକୁପରେ,
ଧରିରଖିବାକୁ ମନ ହୁଏ ଚିରକାଳ
ଓଠ ଥାପି ତୁମ କଜଳ-କବରୀ-ଭାରେ ।

ତୁମ ଲାଗି ଯେତେ ମମତା ଉଠଇ ଭାସି
ତନୁ ଚାହେଁ ସେତେ ତନୁ ସାଥେ ଯିବି ମିଶି ।

୧୨

ତୁମକୁ ନଦେଖିଲେ ଗୋଟିଏ ଦିନ
କେଉଁଠି, କାହିଁ ଆଉ ନଲାଗେ ମନ,
ନୟନ ଆଗେ ଖାଲି ଉଠଇ ଭାସି
ଶାନ୍ତ ସରସ ସେ ବଦନ-ଶଶୀ ।

ତୁମରି ସାଥେ ଦିନେ, ନହେଲେ କଥା
ଲାଗେନି ଭଲ, ହୁଏ ଜୀବନ ପିତା,
ଦାରୁଣ ଯେ ବେଦନା ମରମ କାଟେ
ତୁମେ ତା କାହୁଁ ବୁଝିପାରିବ ସତେ ?

ତୁମରି ଲାଗି ଜଣେ ନୀରବେ ଜଳେ
ଗୋପନେ ନିତିଦିନ ପରାଣତଳେ,
କା' ଆଗେ ହୁଏ ନାହିଁ କହି ସେ କଥା
ସାଇତେ ଏ ବୁକୁରେ ସକଳ ବ୍ୟଥା ।

ତୁମରି ଲାଗି ଯିଏ ଲୋତକ ଢ଼ାଳେ
ତା' କଥା ତୁମେ କେବେ ଭାଳ କି ଥରେ ?

୧୩

ଜୀବନପଥେ ଆସିଛି ମୋର ଝଞ୍ଜା-ଝଡ଼ ଶତ
ମେରୁର ସମ ରହିଛି ମୁଁ ତ ଅଟଳ ଅବିଚଳ,
ବେଦନା ବ୍ୟଥା ବଜ୍ର ସମ ବିନ୍ଧେ ଅବିରତ
ତଥାପି ଦିନେ ତୁଟିନି କେବେ କବିର ମନ-ବଳ ।

କେବଳ ତୁମ ନୟନପାଶେ ନୀରବେ ହେଲେ ଠିଆ
ସୂର୍ଯ୍ୟକର-ପରଶେ ମହା ତୁଷାରଶିଳା ପରି,
ତରଳିଯାଏ ପାଷାଣ ସମ କଠିନ ଏହି ହିଆ
ପୁଲକଭରେ ପଲକେ ଯାଏ ନୀରବେ ଧୀରେ ଝରି ।

ମଧୁର ତୁମ ବଚନ କରେ ଅଧୀର ଏଇ ମନ,
ଚପଳ ତୁମ ନୟନ କରେ ପାଗଳ ମୋତେ ସିନା,
କଜଳ ତୁମ କବରୀ-ବନେ ସ୍ୱପ୍ନ ହଜେ ମୋର
ସକଳ ଦମ୍ଭ ଗର୍ବ ମାନ ନିମିଷେ ହୁଏ ଚୁନା ।

ତୁମେ ତ କର ଦୁର୍ବଳ ଏ କବିରେ ମନେ ପ୍ରାଣେ
ସେ ଅପରାଧ କ୍ଷମିବ ତେଣୁ, ଆପଣା କ୍ଷମାଗୁଣେ ।

୧୪

ବହୁପଥ ଶେଷେ ତୁମକୁ ପାଇଛି, କେତେ ଜନପଦ ଘୂରି
ବହୁ ନିରାଶାର ତିମିର ତଳପେ ତୁମେ ଆଲୋକର ଶିଖା,
ଖୋଜୁଥିଲି ଯା'ରେ ଦିନରାତି ମାସ ବରଷ ବରଷ ଧରି
ତୁମଠି ପାଇଛି ସେଇ ଆପଣାର ମନର ମଣିଷେ ଦେଖା ।

ତୁମ ଲାଗି ଯଦି ଜଳିଯାଏ ଆଜି ଅବସାଦେ, ଅପମାନେ
ତାହାଠୁଁ ଅଛି କି ଆଉ ବେଶି କିଛି ପୀରତିର ଗଉରବ,
ତମ ଲାଗି ଯଦି ଝରିଯାଏ କେବେ ଝଞ୍ଜା ବତାସି-ତାନେ
ସେ'ତ ଜୀବନର ମହା ଆନନ୍ଦ, ସୁମଧୁର ସଉରଭ ।

ତୁମ ଲାଗି ଯଦି ଭୋଗିବାକୁ ପଡ଼େ ଲାଞ୍ଛନା ବାରବାର
ଯେତେ ଅପବାଦ, ସେ ଯେ ବାଞ୍ଛିତ ଶୀତ ଚନ୍ଦନସମ,
ତୁମ ଲାଗି ଯଦି ଆଘାତ ହାଣିବେ ସାଥୀ, ସଖା, ସହଜନ
ସେଇ ତ ଜୀବନ ମହା-ସଂଗ୍ରାମେ ବିଜୟର ଟିକା ମମ ।

ମୋର ଲାଗି ତୁମ ନୟନୁ ଲୋତକ କେବେ ଯଦି ଯାଏ ବହି
ସେଇ ଯନ୍ତ୍ରଣା, ସେଇ ସେ ବେଦନା, ହେବ ନାହିଁ ଜମା ସହି ।

୧୫

କହିବି କହିବି ବୋଲି, କିଛି ମୁଁ ପାରେନା କହି
ତୁମରି ନୟନେ ଚାହିଁ, ନୀରବେ ମରିଛି ସହି !
ଏ ବୁକୁର ଯେତେ ବ୍ୟଥା, ଯେତେ ମଧୁମୟ ଆଶା
ଗୋପନ ରଖିଛି ସବୁ, ଦେଇ ତ ପାରିନି ଭାଷା ।

ମଉଳା ଫୁଲରେ ତୁମେ ସୁରଭି ଦେଇଛ ଭରି
ଉଦାସ ଜୀବନେ ମୋର ଛନ୍ଦ ଯାଇଛ ତୋଳି,
ସକଳ ହରାଇ ମୁଁ ତ ତାଲିଥିଲି ମଥା ପୋତି
ସେନେହ-ସରାଗେ ତମେ ଆପଣାର କଲନି କି ।

କାହା ପାଦତଳେ ତେବେ ଜୀବନ ସୁରଭି ଢ଼ାଳି
କାହା ଲାଗି ତେବେ କହ ଛନ୍ଦ ଯିବି ଗୋ ତୋଳି,
ନିବେଦିବି କାହା ପାଶେ ଜୀବନର ଗଉରବ
ତୁମ ବିନା ଆଉ କିଏ ସମଝିବ ମନୋଭାବ ?

ଦୁର୍ବଳ ମୋତେ ସିନା କରିଛି ସେନେହ ତବ
ଭୁଲିବି କିପରି କହ, ସେ ବିରାଟ ଗଉରବ ?

୧୬

ଭୁଜେ ଭୁଜ ଛନ୍ଦି ଯଦି ଛାତି ପରେ କେବେ
ତୁମରି ଲଳିତ ତନୁ ଭିଡ଼ି ରଖେ ଧରି,
ତୁମର ଉତ୍ତପ୍ତ ଶ୍ୱାସ ବାଜି ମୋର ମୁଖେ
ପାଗଳ କରାଇ ମୋର ସବୁ ନିଏ ହରି ।

ଜୀବନ-ଜଞ୍ଜାଳ-ଜ୍ୱାଳା କ୍ଷତ ଅବସାଦ
ଶତ ପରାଜୟ ଗ୍ଲାନି ବ୍ୟଥା ଅପମାନ,
ଅଭାବ ଆପଦ ଦୁଃଖ ବିସ୍ମରିଣ ସବୁ
ଅନୁଭବେ ମୁଗ୍‌ଧ ପ୍ରାଣେ ପ୍ରୀତି-ସନାତନ ।

ସୁରାସମ ତୋ' ତନୁର ମଧୁର ସୁରଭି
ଅଧୀର କରାଏ ପ୍ରାଣ, କରେ ଅନୁଭବ,
ସେ ନିଶାରେ ଘାରି ହୋଇ କ୍ଷଣକର ପାଇଁ
ମହାରାଜାଧିରାଜର ଅତୁଳ ଗୌରବ ।

ଏ ଦୀନ ଦରିଦ୍ର କବି ତୁମ ପ୍ରୀତିବଳେ
ବସେ ଯାଇ ଗର୍ବଗିରି ତୁଙ୍ଗତମ ଚୂଳେ ।

୧୭

ଇଚ୍ଛା ହୁଏ, ତୁମେ ସଦା ଥିବ ମୋର ପାଶେ
ସୁଖେ ଦୁଃଖେ, ଭଲମନ୍ଦେ, ଉତ୍‌ଥାନେ ପତନେ,
ତୁମରି କୋମଳ ବାହୁ ଘେରାଇ ମୋ ଗଳେ
ଦେବ ଆଶ୍ୱାସନା-ସୁଧା ଜୀବନେ ଜୀବନେ ।

ସଂସାର ଜଞ୍ଜାଳେ ଜଳି ହେଲେ ନାରଖାର
ତୁମେ ପୁଣି ଜିଆଇବ ଢ଼ାଳି ସ୍ନେହ-ବାରି,
ତୁମରି ପରଶେ ମୁଣି ଜାଗିବ ଏ କବି
ଲେଖିବ କବିତା ଦୁଃଖ-ଅମାନିଶି ଚିରି ।

ବିଜନ କୁଟୀରେ ମୋର ବୁକେ ମଥା ରଖି
ଶୁଣାଇବ କେତେ କଥା କୋମଳ ମଧୁର,
ଆସିଲେ ରଜନୀ ତବ ପଣତ ଉଢ଼ାଳେ
ରଖିବ ସେନେହେ ନିଶି ହେଲାଯାଏ ଭୋର ।

ସଦା ପାଶେ ପାଶେ ଥିବା ଆମେ ଦୁଇଜଣ,
ହେବ ଆମ ପ୍ରୀତି ନିତ୍ୟ-ସତ୍ୟ-ସନାତନ ।

୧୮

ତୁମକୁ ପାଇଛି ଭଲ, ପରାଣୁଁ ଅଧିକ
ତୁମକୁ କହିଛି ସବୁ କଥା ଜୀବନର,
ଇଚ୍ଛା ନାହିଁ ହୁଏ ଜମା, ଛାଡ଼ିବାକୁ ସତେ !
ନିମିଷ ବିଚ୍ଛେଦେ ହୁଏ ପରାଣ କାତର ।

ଯଦି ଯାଏ, ଯହିଁ ଥାଏ, ଯାହା ଅବା କରେ
ସଦାବେଳେ ତୁମ କଥା ପଡୁଥାଏ ମନେ,
ଯେତେ ଲୋକମେଳେ ଥିଲେ, ଏକା ଏକା ଲାଗେ
ତୁମ ସାଥେ ଦେଖା ଯଦି ନୋହିପାରେ ଦିନେ ।

ମିଶିଛି ଦେହରେ ଦେହ, ପରାଣେ ପରାଣ
ଆକୁଳ ଆବେଗେ "ଏକ" ହୋଇଅଛେ ଦୁହେଁ
ନୟନୁ ଢ଼ାଳିଛେ ଲୁହ ଏକ ଆନ ପାଇଁ
ଜାଳିଛେ ନିଜକୁ କେତେ ବେଦନାର ଦାହେ ।

ପାଖେ ଥାଇ ତୁମେ ଏବେ ଭାବ ସିନା ପର,
ଦୂରେ ଗଲେ ଜାଣିବ, ମୁଁ କେତେ 'ଆପଣାର' ।

୧୯

ଯେତେ ବାର ଚାହେଁ ତୁମରି ନୟନେ
ସେତେ ବାର ମରେ ଲାଜେ,
ପାରେ ନାହିଁ କହି ପରାଣ-ବୀଣାରେ
ସେ ଯେଉଁ ରାଗିଣୀ ବାଜେ ।

ତୁମ ଲାଗି ଯେତେ ନୀରବେ, ଉଦାସେ
କବିତା, କାହାଣୀ ଲେଖା,
ତୁମ ଲାଗି ଯେତେ ଅଶ୍ରୁ ମଧୁର
ଅନୁଭୂତି ଦିଏ ଦେଖା ।

ତୁମେ ନ ଶୁଣିଲେ କାହା'ଗେ କହିବି
ଯେତେ ମାନ, ଅଭିମାନ,
ତୁମ ବିନା ଆଉ କିଏ ବା ବୁଝିବ
ଜୀବନର ମହାଗାନ ।

ତୁମେ ମୋ କାବ୍ୟ, ତୁମେ ମୋ କବିତା
ଜୀବନର ପ୍ରିୟତମା,
ଏ କବିର ତୁମେ ମହା ଗୌରବ
ନିରୁପମା, ମନୋରମା ।

୨୦

ସେଦିନ ଏ ଗିରିବୁକେ ପାଷାଣର ପ୍ରଶସ୍ତ ବକ୍ଷରେ
କିଏ ସେ ଲେଖିଲା ଦିନେ ଜୟଗାଥା ଜ୍ୱଳନ୍ତ-ଅକ୍ଷରେ,
କିଏ ସେ ଅଜ୍ଞାତ ଶିଳ୍ପୀ ଶ୍ୟାମ-ସ୍ନିଗ୍ଧ ଏଇ ବନଦେଶେ
ଖୋଳିଗଲେ ଶତ ଶତ ଗୁମ୍ଫାରାଜି କାହାର ଆଦେଶେ ?

ସେ'ଦିନ ଯାଇଛି ଚାଲି କାଳବୁକେ ଜଳବିନ୍ଦୁ ସରି
ନାଇଁ ରାଜା, ନାଇଁ ଶିଳ୍ପୀ, କିଏ କେଣେ ଗଲେଣି ତ ମରି,
ବିତିଲାଣି ଯୁଗ ଯୁଗ କେତେ ଝଡ଼-ବତାସିରେ ସହି
ଅଛି ସେଇ ଶିଳାଲେଖ କେହି ତାକୁ ପାରିନି ଲିଭାଇ ।

ଆଜି ଏ ଆକାଶତଳେ ପଉଷର ଗୋଧୂଳି-ପ୍ରହରେ
ନିର୍ଜନ ଏ ଗିରିପାଦେ ଲତାୟିତ ନୀଳ ବନମାଳେ,
ପ୍ରଣୟର ଯେଉଁ ସ୍ମୃତି ଅନୁରାଗେ ନେଇ ବୁକେ ଲେଖି
ସବୁ ବାଧା ବିଘ୍ନ ସହି ଚିରକାଳ ପାରିବ ତା ରଖି ?

ସମ୍ମୁଖେ 'ଉଦୟଗିରି' ବକ୍ଷେ ତା'ର ଅଲିଭା ଅକ୍ଷର
ଚିରସ୍ଥାୟୀ ହେଉ ଆମ ଆଜିର ଏ ପ୍ରୀତିର ସ୍ୱାକ୍ଷର

୨୧

ଆକାଶେ ତାରା, ନ ଥିଲେ ମୁଦି ଆଖି
ନୀରବ ପଥ, ଦୁଇଟି ଆମେ ପକ୍ଷୀ,
କେତେ ଯେ କଥା ରହିଲା ପୁଣି ବାକି
ସେଇ ଆକାଶ, ଏଇ ଧରଣୀ ସାକ୍ଷୀ ।

ଜୀବନେ ପୁଣି ହେବ କି ନାହିଁ ଦେଖା
ଥିବ କି ନାହିଁ ପରାଣ ମଧୁ-ମଖା,
କହିବ କଥା କହିବ ନାହିଁ ଅବା
ମାନସୀ, ତବ ମାନସ ଜାଣେ ଏକା ।

ଦୁନିଆର ମୁଁ ଦଗ୍ଧ କବି ଜଣେ
କେତେ ଯେ ବ୍ୟଥା-ବେଦନା ବୁକୁ ହାଣେ,
ବ୍ୟସ୍ତ ନିତି ଜୀବନ ଭୀମ-ରଣେ
ଜାଣେ ନା, ସତେ ରଖିବ ମୋତେ ମନେ ?

ଆସିବ ଦିନ, ପାହିବ କେତେ ରାତି
ଚାହିଁବି ପଥ ତୁମର ନିତି ନିତି ।

୨୨

ଏଇ ରାଜପଥ ଲମ୍ବିଯାଇଛି କୁଆଡ଼େ କାହିଁ
ମାଡ଼ିଆସେ ଘନ ଅନ୍ଧାର ପଥ ଦିଶଇ ନାହିଁ,
କେତେ ବାଟ ଆଉ ଏଇପରି ଆମେ ଚାଲିବା କହ
ଫେରିଯିବାପାଇଁ ପରାଣେ ମୋ ନାଇଁ ଟିକିଏ ମୋହ ।

ହାତେ ହାତ ରଖି ଚାଲ ଯିବା ଆଜି ଅନେକ ଦୂର
ହେଲେ ହେଉ ପଛେ, ଏଇ ଏ ରଜନୀ ଗଭୀରତର,
ନିର୍ଜନ ପଥେ ଧୀର ପଦପାତେ ଅନ୍ଧକାରେ
ହାତେ ହାତ ଥାପି ଚାଲି ଯିବା ଆଜି ଅନେକ ଦୂରେ ।

ଆକାଶେ ଜହ୍ନ ନାଇଁ, ଆଜି କାହିଁ ଆଲୋକ ନାହିଁ
ରଜନୀ ବିହଗ ଯାଉଛି ଅଜଣା କବିତା ଗାଇ,
ବୁକୁର ବେଦନା କୁହାକୁହି ହେବା ଏତିକିବେଳେ
ଜୀବନେ ଏପରି ସୁଯୋଗ କାହାକୁ କେତେ ବା ମିଳେ ?

ଆସ ମୋର ପାଶେ, ଅଧରେ ଅଧର ମିଶାଅ ବାରେ
ଏଇ ରାଜପଥେ ନିର୍ଜନ ରାତେ ଅନ୍ଧକାରେ ।

୨୩

ସତେ କି ପଥର ତୁମେ, ପାରୁନାହିଁ ବୁଝି
ତମରି ଆଘାତେ କେତେ ଲୁହ ଯାଏ ଝରି,
କେତେ ଯନ୍ତ୍ରଣାରେ ପ୍ରାଣ ହୁଏ ଛାରଖାର,
ଅକୁହା ବେଦନା ଦିଏ ହୃଦୟ ବିଦାରି ।

ଆଗ୍ନେୟ ଲାର୍ଭା ବି ହୁଏ ମୃତ୍ତିକା ଉର୍ବର
ସିକ୍ତ କରେ ତାକୁ ଯଦି ବରଷାର ଜଳ,
ସେଠି ବି ଫସଲ ହସେ, ଫୁଟି ଉଠେ ଫୁଲ
ସମାରୋହ ହୁଏ ତହିଁ ମହା ଜୀବନର ।

ପଥର-ଦେବତା ବି ତ ଯାଚିଦିଏ ବର
ଏକାଗ୍ର ଭକ୍ତିରେ କଲେ ତା'ର ଆରାଧନା,
ଲୋତକ ଧୋଇଲେ ଚାରୁ ଚରଣ-କମଳ
ପାଷାଣ ବୁକୁରେ ଜାଗି-ଉଠେ ସମ୍ବେଦନା ।

ଏତେ ସ୍ନେହ, ଏତେ ପ୍ରେମ, ଲୁହ କଲି ଦାନ,
କେବେ ତରଳିବ ତୁମ ପାଷାଣ ପରାଣ ?

୨୪

ଆସିବ ପୁଣି ଦିନ, ହେବନି ଦେଖା ଜମା ଥରେ ବି
ଅନେକ ଦିନ ମାସ ବରଷ ବି ବିତିବ,
ଆଜିର ଅନୁରାଗ ନିବିଡ଼ ସ୍ନେହ ପ୍ରୀତି ମମତା
ସୁଦୂର ଅତୀତର ସ୍ୱପ୍ନ ପରି ଖାଲି ଦିଶିବ ।

କେଉଁଠି ଥିବ ତୁମେ, ଅଜଣା ଘରକୋଣେ ମଉନେ
ମୋ କଥା ଭାବିବାକୁ ନ ଥିବ, ଅବସର ତିଳେ ଗୋ,
ନ ଥିବ ଏଇ ରୂପ, ଆଉ ତ ଏଇ ବାଣ ନୟନେ
ଘରଣୀ ଜୀବନର ନିୟତ ଜଞ୍ଜାଳମେଳେ ଗୋ ।

ଯେଉଁଠି ଥାଏ ମୁଁ ଗୋ, ଯେପରି ଥାଏ ପଛେ ଜୀବନେ
ତୁମରି କଥାସବୁ ଗୋଟିକି ଗୋଟି ମନେ ପଡ଼ିବ,
ସକଳ ସୁଖ-ଦୁଃଖ ହରଷେ-ଅବସାଦେ ଅୟନେ
ତୁମରି ସ୍ମୃତି ନିତି କରୁଣେ ପ୍ରାଣ-ବୀଣା ପୀଡ଼ିବ ।

ଥିଲେ ବି ଯେତେ ଦୂରେ, ଥିବ ମୋ ନିତି ପାଶେ ପାଶେ ଗୋ
ଭୁଲି ବି ଗଲେ ମୋତେ, ଉଇଁବି ନିତି ମନ-ଆକାଶେ ।

୨୫

କାଲି ତୁମେ ହେବ ବଧୂ, ସବୁ ଭୁଲି, ଯିବ ଚାଲି ଦୂରେ
ମଣ୍ଡିବ କା' ଗୃହାଙ୍ଗନ, ଲଜ୍ଜାନତ ଭୀରୁ ପଦପାତେ,
ସରମଞ୍ଜିତ ତବ ଚାରୁ ମୁଖ ଟେକିଧରି କିଏ
ପଚାରିବ ଆବେଗରେ - "କହ, ରାଣି ! ଭଲପାଅ ମୋତେ ?"

ତୁମେ କାଲି ହେବ ମାତା, ଜନନୀର ଆଦିମ-ଗୌରବେ
ଉଲ୍ଲସିତ ହେବ ବୁକୁ ଗୃହକୋଣ ଉଠିବ ଗୋ ପୂରି,
ସନ୍ତାନ-ଜନକ ପାଶେ ବସି କେତେ ଅଳସ ମୁହୂର୍ତ୍ତେ
ଦେଖିବ ଶିଶୁର କ୍ରୀଡ଼ା ନୃତ୍ୟ-ଗୀତ ବଚନ-ମାଧୁରୀ ।

ତୁମେ ପୁଣି ପାଲଟିବ, କର୍ମରତା କୁଶଳୀ ଗୃହିଣୀ
ନିଜ ଘର, ନିଜ ଲୋକ ପାଇଁ କେତେ ଚିନ୍ତା ଅହରହ,
ସଂସାରର କ୍ଷୟକ୍ଷତି, ହାନିଲାଭ ଜୀବନ-ଜଞ୍ଜାଳ
ପୁଅ ପତି ଝିଅ ବୋହୂ ପାଇଁ ପ୍ରାଣେ ଅସରନ୍ତି ମୋହ ।

କେବେ କି ପଡ଼ିବ ମନେ ? ଅଛି ବୋଲି ଆଉ କିଏ ଜଣେ,
ନିନ୍ଦା ଅପବାଦ ସହି ଭଲ ଯା'କୁ ପାଇଥିଲ ଦିନେ ।

୨୬

ତୁମରି ଲାଗି ଯଦି ହୋଇବି ହତଶିରୀ, ଭାଗ୍ୟହୀନ
ତୁମେ କି ହତାଦରେ ଦୂରେ ଗୋ ଦେବ ଠେଲି ସେ'ଦିନ ମୋତେ,
ତୁମରି ଲାଗି ଯଦି ଯିବି ଗୋ ଦୂର ପଥ କାନନ-ଘୋରେ
ତୁମେ କି ସବୁ ଭୁଲି କାଟିବ କାଳ ସୁଖେ, ଆଉ କା' ସାଥେ ?

ତୁମରି ଲାଗି ଯଦି ହୋଇବି ଘରଛଡ଼ା, ଲକ୍ଷ୍ମୀଛଡ଼ା,
ତୁମେ କି ଦେବନାହିଁ ବୁକୁରେ ତେବେ ତୁମ ଟିକିଏ ଥାନ,
ତୁମରି ଲାଗି ଯଦି ହୋଇବି ରାଜପଥେ ଭିକାରି ଜଣେ,
ତୁମେ କି ଫେରାଇବ ନିଠୁର ଅପମାନେ ନ ଦେଇ ଦାନ ?

ଜୀବନେ ଯାହା କିଛି ବିଭବ, ଗୌରବ ପାଇଛି କବି
ସକଳ ତୁମ ଲାଗି ତୁଚ୍ଛ କରିପାରେ ଗୋଟିଏ କ୍ଷଣେ,
ତୁମରି ପାଦତଳେ ସକଳ ନିବେଦିତା ଅର୍ଘ୍ୟସମ
ଏଇ ଏ ଧରଣୀର ସକଳ ସୁଖଠାରୁ ଅଧିକ ମଣେ ।

କବିତା ବୋଲି ଯଦି ମଣିବ ମିଛ ଏହା ନାଚାର ତେବେ
ମିଛରେ, କହ ତୁମେ କବିତା କିଏ ଲେଖିପାରିଛି କେବେ ?

୨୭

କାଲି ତ ଘୂରିବ ଚକ, କାଲି ହେବ ତୁମ ବାହାଘର
ମଥାରେ ଓଢ଼ଣା ଦେଇ, ସୀମାନ୍ତରେ ଲଗାଇ ସିନ୍ଦୂର,
ତୁମେ ଯିବ ଆନ ସାଥେ, ବଧୂବେଶେ କାହିଁ ଦୂରଦେଶେ
ଅତୀତର ସବୁ ସ୍ମୃତି ପୋଡ଼ି-ଜାଳି ପୋଛି ଅବଶେଷ ।

କୁଳଦୀପ ଛୁଇଁ ତୁମେ, କାହା ଆଗେ କରିବ ନିୟମ
ଛୁଇଁନ ପୁରୁଷଙ୍କୁ, ଆଉ କା'ରେ ଦେଇନ ମରମ,
ଅଧର ଅରପି ଦେବ ଆଉ କା'ର ଅଧରେ
ଅତୀତ ରହିବ ପଡ଼ି ବିସ୍ମୃତିର ଅତଳ ସାଗରେ ।

ପୁରାତନ କଥାସବୁ କ୍ରମେ ହେବ ପୁରାତନର
ଧୀରେ ଧୀରେ ମଉଳିବ ଝରିଯିବ ସୁରଭି ତାହାର,
ନୂତନ ଜୀବନବୁକେ ବିକଶିବ ନୂଆ ଅନୁଭୂତି
ମଧୁର ସୁବାସେ ତା'ର ମୁଗ୍ଧ ହେବ ତୁମେ ନିତି ନିତି ।

ମୋ ଗଳାରେ ଯେଉଁ ମାଳା ଦେଇଥିଲ ବହୁଦିନ ତଳେ
ରଖିବ କି ଫିଙ୍ଗିବି ତା' ଭାବେ ନେତ୍ର ଧୋଇ ଅଶ୍ରୁଜଳେ ।

୨୮

ଜୀବନସାରା ଜଳିବି ତୁମ ଲାଗି
ସୁଖରେ ତୁମେ ରହିବ କାହିଁ ଦୂରେ,
ତୁମର ପାଶେ କିଛି ମୋ ନାହିଁ ଦାବି
ମାଗିବ ଯାହା, ସବୁ ମୁଁ ଦେଇପାରେ ।

ଝରିବ ଲୁହ, ତୁମରି ଲାଗି କେତେ
ହସରେ ତୁମ ଜୀବନ ଯିବ ଭରି,
ଝୁରିବି ଖାଲି ତୁମକୁ ନିଶିଦିନ
ନିମିଷେ ତୁମେ ସବୁ ତ ଯିବ ଭୁଲି ।

ହୃଦୟ ଚିରି ଲେଖିବି କେତେ ଗୀତ
ଦେଖିବ ନାହିଁ ତୁମେ ତ କିଛି କେବେ,
ଚାହିଁବ ପଥ ତୁମରି ନିତିଦିନ
ଜାଣିଛି ତୁମେ ଫେରିବ ନାହିଁ ଲବେ ।

ଶୁଣିବ ଯେବେ ଆଉ ଏ କବି ନାହିଁ
ଆଜିର ସ୍ମୃତି ସ୍ମରିବ କ୍ଷଣପାଇଁ ।

୨୯

ଏଠି ବାଲି ସେଠି ପାଣି ଅଦୂରରେ ଝାଉଁର ଜଙ୍ଗଲ
ଏଠାରେ ନୀରବ ସବୁ, ସେଠି ସିନ୍ଧୁ ଗଭୀର ଗର୍ଜନ,
ଆକାଶେ ଜହ୍ନର ମୁହେଁ ବେଦନାର ଚୁମ୍ବନ-ବିଳାସ
ଏ ମନରେ ଆଜି କିଆଁ ଏତେ ଦାହ, ଏତେ ଅଭିମାନ ?

ଶେଷ ଥର ପାଇଁ ଆଜି ଦେଖାହେବ, କଥା ହେବ ଶେଷ
ସବୁ ଅଶ୍ରୁ ଅଭିମାନ, ସ୍ନେହ ପ୍ରୀତି ଫିଙ୍ଗିଦେଇ ଧୀରେ,
ଯାହା କିଛି ଗଢ଼ିଥିଲେ, ଭାଙ୍ଗିଦେଇ ପୁଣି ନିଜ ହାତେ
ଆମେ ଦୁହେଁ ଯିବା ଚାଲି, ପରସ୍ପରଠାରୁ ବହୁ ଦୂରେ ।

ଆଖିରୁ ଲୋତକ ପୋଛ, ସେଠି ଦିଅ କଜ୍ଜଳର ରେଖା
ସୀମନ୍ତେ ସିନ୍ଦୂର ଘେନ, ଉତ୍ତରୀୟ ଦିଅ ମଥାପରେ,
କାଲିଠାରୁ ତୁମେ ହେବ ଅପରର, ମୁଇଁ ହେବି ପର,
କିଏ ଜାଣେ ଦେଖା କେବେ ହେବ ଅବା, ନ ହୋଇ ବି ପାରେ ।

ଏ ସମୁଦ୍ର ସବୁ ଶୁଣେ, ସବୁ ଦେଖେ, କିଛି କିନ୍ତୁ ଜାଣିପାରେ ନାହିଁ
ଏଠି ବିରହର ବ୍ୟଥା, ସେଠି ଶୁଭେ ମିଳନର ଶୁଭ ସାହାନାଇ ।

୩୦

ଯେତେ ଦୂରେ ଯାଆ ପଛେ, ଯହିଁ ଅବା ଥାଅ
ଏଇ ସ୍ନେହ ଅନୁରାଗ ରଖିଥିବ ମନେ
ଦେଖା ହେଉ ସାଥେ ଅବା, ନୋହିପାରୁ ଦେଖା
ଭୁଲ ମୋତେ ବୁଝିବନି, କେବେହେଲେ ଦିନେ ।

ଜୀବନ-ଜଞ୍ଜାଳମେଳେ, ସକଳ କରମେ,
ସ୍ମୃତି ତବ ଦୀପ ସମ ଜଳୁଥିବ ପ୍ରାଣେ,
ଆସୁ ଯେତେ ବାଧା-ବିଘ୍ନ ବିପଦର ଢ଼େଉ
ତୁମକୁ ହେବନି ଭୁଲି କଦାପି ଜୀବନେ ।

ଆଖିଆଗେ ଭାସୁଥିବ, ତବ ମୁଖ-ଛବି
ତୁମ ସ୍ନେହ ଅନୁରାଗ ପଡୁଥିବ ମନେ,
ନିବିଡ଼ ମମତା ତୁମ, ଦେଉଥିବ ଆଶା
ଗୋଟି ଗୋଟି ତୁମ କଥା ଶୁଭୁଥିବ କାନେ ।

ଯେତେ ଦୂରେ ଥିଲେ ତୁମେ, ଥିବ ପାଶେ ପାଶେ
ମରଣେ ବିଚ୍ଛେଦ ସିନା ହେବ ଅବଶେଷେ ।

୩୧

ଯିବାର ବେଳ ହେଲାଣି ଆସି, ଯିବାକୁ ଜମା ହେଉନି ମନ,
ଲାଗୁଛି ଅବା କାହାକୁ ଛାଡ଼ିଯାଉଛି ଏଠି, ଯାଉଛି ଦୂରେ,
ବୁକୁରେ ସିଏ ଗୋପନେ କେବେ ମୋ ଅଜାଣତେ ନେଇଛି ଥାନ,
ତା' ଲାଗି ଆଜି ଜୀବନ-ବୀଣା ଛନ୍ଦ ତୋଳେ ନବୀନ ସୁରେ ।

ଏଇଠି ଥିଲି ଅନେକ ଦିନ, ଥିଲା ତ ଏଇ ଆକାଶ ଭୂଇଁ,
ଏତିକି ରୂପ ଏତିକି ଶୋଭା ଥିଲା କି ତହିଁ, ନ ଥିଲି ଜାଣି,
ହଠାତ୍ କିଏ ମନେ ମୋ ଦେଲା କି ଅବା ଯାଦୁ କାଉଁରୀ ଛୁଇଁ
ଏ ଭୂଇଁ ହେଲା ରୁଚିରତର ସକଳ ଶୋଭା ସପନ-ଖଣି ।

ଯିବାକୁ ଜମା ହେଉନି ମନ, ବହୁତ କାମ ପଡ଼ିଛି ବାକି,
ଆପଣା କେତେ ଅନେକ ଦୂରେ ଚାହିଁ ତ ଥିବେ ମୋହରି ପଥ,
ପଡୁଛି ମନେ; ଟାଣୁଛି ପଛୁ କଜଳକଳା ତା' ଦୁଇ ଆଖି
ଇଚ୍ଛା ହୁଏ, ଯିବାକୁ ମରି, ତା' ବୁକେ ଥାପି ଏ ଦୁଇ ଓଠ ।

କିଏ ସେ କଲା ମୋ ପାଇଁ ଏଇ ରୁକ୍ଷ ଧରା ମଧୁରତର
କିଏ ସେ ଆଜି ଛନ୍ଦେ ପାଦ, ଛାଡ଼େନି କାହିଁ ଯିବାକୁ ଦୂର !

୩୨

ଏତେ ମାୟା କାହିଁ ପାଇଁ ଲଗାଇଲ କହ,
ସବୁ ଯଦି ପିଲାଖେଳ, ମୁହୂର୍ତ୍ତର କଥା,
ଏତେ ବନ୍ଧନରେ ମୋତେ ବାନ୍ଧିଥିଲ କିଆଁ
ଛିନ୍ନ କରି ଗଲ ଯଦି, ଦେଇ ଏତେ ବ୍ୟଥା ।

ପରତେ ହୁଏ ନା ସବୁ ଥିଲା ବୋଲି ମିଛ,
ଯେତେ ସ୍ନେହ, ଅନୁରାଗ, ମମତା, ମାଧୁରୀ,
ପରସ୍ପର ପାଇଁ ଯେତେ ମଧୁ ଆକର୍ଷଣ,
ସବୁ ଖାଲି ଅଭିନୟ ଛଳନା ଚାତୁରୀ ।

ବହୁ ଦିନପରେ ତୋତେ ପାଇଥିଲି ଖୋଜି
ଭୁଲିଥିଲି ଜୀବନର ସବୁ ଜ୍ୱାଳା ସିନା,
ଭାଳିଲି ସରିଲା ଏଠି ସକଳ ଯାତନା,
ଜାଣି ତ ନଥିଲି ତୁମେ ମିଛ କଳପନା ।

ସେନେହ-ପୀୟୁଷ ଦିନେ ଦେଲ ଯା'ର କରେ
ବିଷ ଦେବ ତାକୁ ଆଜି କେଉଁ ଅଧିକାରେ ?

୩୩

ଏ ପଥେ କି ଆଉ, ତୁମ ରୂପ-ଛବି ଦିଶିବ ନାଇଁ
ଏ ଦୁଆରେ ଆଉ, ଚରଣ କି ତୁମ ପଡ଼ିବ ନାଇଁ,
ଏ କବିର ବୁକେ ଆଉ କି ନୀରବେ ରଖିଣ ମଥା
କହିବ ନାହିଁ ଗୋ କେତେ କୁଆଡ଼ର ଅଜଣା କଥା ?

କେତେ କବିତାର ଛନ୍ଦ ତୋଳି ଗୋ, ନୟନେ ତୁମ
ଆଉ କି ଅଧୀର କରିବ ନାହିଁ ଏ ପରାଣ ମମ,
କେତେ ଅଭିମାନ, ଅଶ୍ରୁ, ମଧୁର ପୁଲକବୋଳା
ଫେରିବ ନାହିଁ କି ଭଲପାଇବାର ଆଉ ସେ ବେଳା ?

ସତେ ସବୁ ଭୁଲି ପାରିବ କି ରହି ଗୋପନେ କାହିଁ
ଅତୀତର କଥା ଗୋଟି ଗୋଟି ମନେ ପଡ଼ିବ ନାହିଁ ?
ହୃଦୟ ଥରାଇ ଝରିବନି ଲୁହ, ଉଠାଇ କୋହ
ଭଲପାଇଥିଲେ, ଭୁଲିବାଟା! ଏତେ ସହଜ ନୁହଁ ।

ଆସ ବା ନ ଆସ, ସେ ଲାଗି ପରାଣେ ଶୋଚନା ନାହିଁ,
ଜୀବନ-ବୀଣାରେ ସୁର ତୋଳିଯିବି ତୁମରି ପାଇଁ ।

୩୪

ଚାରିଆଡ଼େ ଚୁପ୍‌ଚାପ୍ ନୀରବତା, ଏ ରାତିର ଅଳସ ରାଜୁତି
ଆକାଶରେ ମିଞ୍ଜି ମିଞ୍ଜି ଜହ୍ନ ଜଳେ, ବଉଦର କାନି ତଳେ ତଳେ,
ଧୀରେ ଆସ ପାଦ ଚାପି, ଆସ୍ତେ ଅତି, ଏଇଟା ହିଁ ସୁବର୍ଣ୍ଣ ସୁଯୋଗ
ଛାଡ଼ିବାକୁ ପଡ଼ିବ ଏ ସହରର ଗଳିକନ୍ଦି, ପ୍ରେକ୍ଷାଳୟ, ବୀଚ୍ ଆଉ ଗଡ଼ାଣି ଉଠାଣି

ଚାଲ ଯଦି ବୁଲିଯିବା ଅଜ୍ଞ ବାଟ, କିଛି ଗୋଟେ ଖୋଜି ଖୋଜି ଯିବା
ପୁରାତନ ଭୂମିକା ବା ଭବିଷ୍ୟତ୍ ଆଶା ନେଇ, ଆତ୍ମହରା ହେବା ଖାଲି କେତୋଟି ମୁହୂର୍ତ୍ତ
ଚିହ୍ନା ଆମ ଆମ୍ବଗଛ, କୋଠାବାଡ଼ି, ଅଧାତୋଳା ଇଟା କାନ୍ଥ, ଶୁଖିଲା ପୋଖରୀ ଆଉ ଛୋଟିଆ ଦେଉଳ
ମିଟି ମିଟି ଚାହୁଁଥିବ ବିସ୍ମୟରେ, ଦୁଃଖରେ ବା ପ୍ରଶ୍ନ କିଛି ନ କରିବା ଭଲ ।

ସ୍କ୍ରିନ୍ ଆଉ ନେମ୍‌ପ୍ଲେଟ୍ ଖୋଲିଦିଅ, ଫିଙ୍ଗିଦିଅ ଟେବୁଲ୍‌ରୁ ନେଳି ନାଲି ଫୁଲର ପାଖୁଡ଼ା
ରାଇଟିଙ୍ଗ୍ ପ୍ୟାଡ୍ ସବୁ ଚିକି ଚିକି ଚିରିଦିଅ, ପ୍ୟାକ୍ କର, ରାତି ଆସି ଗୋଟାଏ ପନ୍ଦର,
ଧୀରେ ଆସ ପାଦ ଚାପି, ଆସ୍ତେ ଅତି, ଏଇଟା ହିଁ ସୁବର୍ଣ୍ଣ ସୁଯୋଗ
ଛାଡ଼ିବାକୁ ପଡ଼ିବ ଏ ସହରର ପରିଚିତ ଗଳିକନ୍ଦି, ପ୍ରେକ୍ଷାଳୟ, ଜଣାଶୁଣା ମୁହଁ ଆଖି ଯେତେ ।

ନଅଟି ମାସର ସ୍ମୃତି, ନେଳି, ନାଲି ଅବା ହଳଦିଆ, ପଡ଼ି ରହୁ ଡେଇଁ ଆସ ପାହଚ ପାହଚ
ଫେରି ଆଉ ଚାହଁ ନାହିଁ, ଲୁହ କଣ ? ଆସନ୍‌ସୋଲ୍ ଛାଡ଼ିବାକୁ ବାକି ମାତ୍ର ଅଠର ମିନିଟ୍ ।

୩୫

ସବୁ ହେଲା ଶେଷ ବୋଲି, ଗଲ ପରା କହି
ତଥାପି ପାରୁନି ଭୁଲି ମନେ ପଡ଼େ ନିତି,
ତୁମ ମୁଖ ଚାରୁଛବି, ଚଟୁଳ ଚାହାଣି
କେତେ ହାସ-ପରିହାସ ମଧୁର ଭାରତୀ

ଯହିଁ ଚାହେଁ ଦେଖେ ଖାଲି ସ୍ମୃତି ଅତୀତର
ପବନେ, ବତାସେ ଅବା ରହିଅଛ ମିଶି,
ପରତେ ହୁଏନା ସବୁ ସରିଗଲା ବୋଲି
ଯହିଁ ଆଖି ଯାଏ, ତହିଁ ଯାଅ ତୁମେ ଦିଶି ।

କଜଳ କବରୀ ତବ ସୁନୀଳ ନୟନ
ଆରକ୍ତ ଅଧରଧାରେ ମଧୁ ହସରେଖା,
ନୀରବ ନୟନଛଟା, ବଚନ ଭଙ୍ଗିମା
ଗୋଟି ଗୋଟି ହୋଇ ସବୁ ମନେ ଦିଏ ଦେଖା ।

କପୋଳ କୁଙ୍କୁମେ ତବ ଏ ବୁକୁରେ ମୋର
ଲେଖିଗଲ ଯାହା, ତା'ତ ନୁହେଁ ଲିଭିବାର ।

୩୬

ଆସିଲା ବିଦାୟ ବେଳ ଯିବା ପାଇଁ ହେବ ପୁଣି ଦୂରେ
ସଂଗ୍ରାମର ଶେଷେ ଆଜି କ୍ଲାନ୍ତ ଯାତ୍ରୀ ବାହୁଡ଼ିବ ଧୀରେ,
କେତେ ଦୂରେ ନୀଡ଼ ତା'ର କେତେ ଦୂରେ ଜନମର ମାଟି
ଯିବାକୁ ପଡ଼ିବ ଦୂରେ ସପନର ସବୁ ମୋହ କାଟି ।

ମୁହୂର୍ତ୍ତକ ପାଇଁ ଆସି ହେଲା ଯାହା ପରିଚୟ ଏଥେ
ଜୀବନର ରଣଭୂମେ ଦେଖାଦେଲେ ସଖା ସାଥୀ ଯେତେ,
ଯିବେ ଯେ ଯାହାର ପଥେ, ଫେରିବାକୁ ହେବ ମୋତେ ଏକା
ଶ୍ରାନ୍ତ କ୍ଲାନ୍ତ ଦେହ ନେଇ, କିଏ ଜାଣେ କେବେ ହେବ ଦେଖା ।

ଏ ପାହୁର ଅଶ୍ରୁ ରୋଷ, ଅଭିମାନ, ଅପମାନ ତଳେ
ସେ ପ୍ରାଣ ରହିଛି ଲୁଚି, ଦେଖିଛ କି ତାକୁ କେବେ ଥରେ ?
ସେ କା'ରେ ପାରେନା ଏଡ଼ି, ସେ କାହାରେ ଭୁଲ ବୁଝେ ନାହିଁ
ମୁହୂର୍ତ୍ତର ରାଗ ରୋଷେ ସେ କାହାରେ ଭୁଲିପାରେ ନାହିଁ ।

ଏ ପାହୁର ଯାହା କିଛି ଦୋଷ ତ୍ରୁଟି ପାପ ଅପରାଧ
ସବୁ କିଛି ଦେବ କ୍ଷମା, ଏତିକି ତ ଶେଷ ଅନୁରୋଧ ।

୩୭

ମୁଁ ଜାଣେ, ତୁମେ ଆସିବ ନାହିଁ ଆଉ
ତଥାପି କିଆଁ ରହିଛି ପଥ ଚାହିଁ,
ପାରୁନି ଜାଣି, ପାରୁନି ବୁଝି କିଛି
ଏ ମନ ଜମା ବାରଣ ମାନୁନାହିଁ ।

ନୟନ ଖୋଜେ ତୁମରି ରୂପଶୋଭା
ଅଧର ଚାହେଁ ଅଧର ମଧୁ ତବ,
ତୁମରି ଭାଷା ଶୁଣିବା ପାଇଁ ମନ
ଭୁଲିଛି ଶତ ବେଦନା ପରାଭାବ ।

କହି ତ ଥିଲ ଆସିବ ବୋଲି ଆଜି
ହେଲାଣି ଡେରି ଗଲାଣି ଗଡ଼ି ବେଳ,
ପାରୁନି ବୁଝି ଆସିଲ ନାହିଁ କିଆଁ
ନୟନ ହୁଏ, ଲୋତକେ ଛଳଛଳ ।

ମିଳନେ ଦିଅ ସରଗ ସୁଖ-ଶିରୀ
ବିରହେ କବି କରୁଣେ ମରେ ଝୁରି ।

୩୮

ଯାତ୍ରୀ ଚାଲିଲା ସୁଦୂର ପଥେ
ପାହିନି ରାତ୍ରି ଗଭୀର ଘୋର,
ବନ୍ଧୁ ହେ, ଯେତେ ବିଦାୟ ଦିଅ
ନିଅ ମୋର ଶେଷ ନମସ୍କାର ।

କେତେ ଦୂର ବାଟ ଅଜଣା ଦେଶେ
କେତେ ନଈ ନାଳ ପାହାଡ଼ ଡେ଼ଇଁ,
ଯିବାପାଇଁ ଆଜି ପଡ଼ିବ ମୋତେ
ଲୁହ ଢ଼ାଳିବାକୁ ସମୟ ନାଇଁ ।

ଜୀବନ-ଯୁଦ୍ଧେ ହଜିବି ସିନା
ଅବସର ଯଦି ମିଳିବ ଦିନେ,
ତୁମରି ସେନେହ ମମତା-ମଧୁ
ଗୋଟି ଗୋଟି ସବୁ ପଡ଼ିବ ମନେ ।

ମୁଗ୍ଧ ପୁଲକେ ଭାସିବ କବି
ନାଚିବ ନୟନେ ତୁମରି ଛବି ।

୩୯

ଆକାଶଭରି ବରଷା ଆସେ ଥରଇ ମହୀ
ହୃଦୟଭରି ବେଦନା ଭାସେ ନୁହଇ କହି,
ଯେତେ ଯେ କବି ଗଲେଣି ବ୍ୟଥା ମୁରଲୀ ବାଇ
କେତେ ବା ତାକୁ ବୁଝିଲେ, କେତେ ବୁଝିଲେ ନାହିଁ ।

କେତେ ଯେ ଗାନ ରହିଛି ବାକି, ହୋଇନି ଶେଷ
କେତେ ଯେ କଥା ହୋଇଛି ଅଧା, କହିବି କିସ ?
କେତେ ଯେ ତରୀ ଲାଗିନି ତୀରେ, ଗଣିଛି କିଏ ?
କେତେ ଯେ ବ୍ୟଥା ହୋଇନି ବୁଝି, ଜାଣିଛି କିଏ ?

ଜୀବନେ ସବୁ ମିଳେନା, ହାୟ ! ପୂରେନା ଆଶା
ସକଳ ଦୁଃଖ ପ୍ରକାଶ ପାଇଁ ମିଳେନା ଭାଷା,
ସପନ କେବେ ସଫଳ କାହିଁ ହୁଅଇ ନାଇଁ ।
ଜୀବନ ବିତେ ମରଣପଥେ ନିରତ ଧାଇଁ ।

ତଥାପି ଏଠି କୁସୁମ ଫୁଟେ, ତପନ ଉଠେ
ମଳୟ ବହେ, ଉକୁଟେ ହସ କଅଁଳ ଉଠେ ।

୪୦

ଜୀବନ-ରଥ ଚାଲିଲା ଦୂରେ, ସରିଲା ଏଠା ଖେଳ
କେତେ ଯେ ପଥ ରହିଛି ବାକି, ହେଲାଣି ଆସି ବେଳ,
ଯିବାକୁ ହେବ ଅନେକ ଦୂର, ସକଳ ମୋହ କାଟି
ନୟନୁ ଲୁହ ଢ଼ାଳନା ଆଉ ବିଦାୟ ଦିଅ ସାଥୀ ।

ପାହିନି ରାତି କେତେ ଯେ ପଥ ଅଜଣା ସବୁ ମୋତେ
ଯିବାକୁ ହେବ ସକଳ ବାଧା-ବିପଦ କାଟି ଯେତେ,
ଗହନ ଘୋର କାନନ ଭେଦି ତୁଙ୍ଗ ଗିରି ଡ଼େଇଁ
ଯିବାକୁ ଆଜି ଆସିଛି ଡାକ ବାରଣ କର ନାହିଁ ।

ଝଡ଼ର-ପକ୍ଷୀ ଜୀବନ ଝଡ଼େ ଯିବରେ ପୁଣି ମିଶି
ଜାଣେନି ନିଜେ ଫେରିବ କେବେ, ପାହିବ ଏଇ ନିଶି,
ଜୀବନ-ରଣେ ମରଣ ଭୁଲି ନ ମାନି କିଛି ଭୟ
ନେବ ରେ ପୁଣି ଲଲାଟେ ଲେଖି ଜୟ ବା ପରାଜୟ ।

ତଥାପି ତୁମ ସେନେହ-ପ୍ରୀତି, ମମତା-ଗୀତି ଯେତେ
ରହିବ ମନେ ହେବନି ଭୁଲି, ଭୀଷଣ-ରଣପଥେ ।

୪୧

ଧରଣୀର ପଥେ ପଥେ ପ୍ରତି ବିନ୍ଦୁ କୋଣେ କୋଣେ
ଅଜସ୍ର ମାନବମେଳେ ବନ୍ଧୁ କିଏ ଖୋଜିଛ କି ଥରେ ?
କିଏ ସତ, କିଏ ମିଛ, ଭଲ କିଏ, ଭେଲ କେ' ଏଇଠି
କିଏ ସବୁ ଲୁଟିନିଏ, କିଏ ସବୁ ଢ଼ାଳିଦେଇ ପାରେ ?

ବିଷମ ଧରଣୀ ବୁକେ ଏ ମନର ପ୍ରକୃତ ମଣିଷ
ଖୋଜିବା ସହଜ କ'ଣ ଖୋଜିଲେ କି ସହଜରେ ମିଳେ ?
କିଏ ମରୀଚିକା, କିଏ ଜଳାଧାର ବାରିହୁଏ ନାହିଁ
ନକଲି ଅସଲି କିଏ ବୁଝି ପୁଣି ହୁଏ ନାହିଁ ତିଳେ ।

ଅପାତ୍ରରେ ଦିଏ ଦାନ, ଅପଥରେ ବାଟ ଚାଲେ ଆମେ
ଅଯୋଗ୍ୟ ହାତରେ ଦିଏ, ଏ ବୁକୁର ସ୍ନେହ ପ୍ରୀତି ଢ଼ାଳି
ବିଶ୍ୱାସରେ ପିଏ ବିଷ, ସ୍ନେହବଶେ ହରାଏ ସକଳ
ପ୍ରତାରିତ ହୋଇ ମିଛ 'ପ୍ରେମ' ପାଇଁ ଦିଏ ଅଶ୍ରୁ ଢ଼ାଳି ।

ବିଷମ ଏ ଧରଣୀର ପଥଭ୍ରଷ୍ଟ ପାନ୍ଥ ମୁହିଁ ଜଣେ
ଖୋଜି ମୁଁ ପାଉନି ପଥ, କୁହ ବନ୍ଧୁ, ଯିବି ଆଜି କେଣେ ।

୪୨

ଏଇଠି କେତେ ରୂପର ଫୁଲ ଫୁଟିଲା
ଏଇଠି କେତେ ପ୍ରୀତିର-ଗୀତି ଉଠିଲା,
ଏଇଠି ଦିନେ ଅଭିସାରିକା ସାଜିଲା
ଏଇଠି କେତେ ବ୍ୟଥାର ବୀଣା ବାଜିଲା ।

ଏଇଠି କବି ଲେଖିଲା କେତେ କବିତା
ଆଜି ସେ ସବୁ ପୋଥିରେ ଅଛି ସାଇତା,
ଏଇଠି ଯେତେ ଅକୁହା କଥା ଘଟିଲା
ଏଇଠି ଯେତେ ନିନ୍ଦା ଲୋକେ ରଟିଲା ।

ଆଜି ସେ ସବୁ ହେଲାଣି ସାତସପନ
ଗଲାଣି ଲିଭି ମାନସୀ ମଧୁ-ଲପନ,
ଶୂନ୍ୟ ମନ ଆକୁଳେ ଆଜି ବିଳପେ
ଆଉ କା' ପଦ ଛୁଏଁନି ବୁକୁ-ତଳପେ ।

ଏଇଠି ଦିନେ ଥିଲା ଯା' ଆଜି ଅତୀତ
ଲିଭିଛି ସବୁ କେବଳ ସ୍ମୃତି ବ୍ୟତୀତ ।

୪୩

ଏଇ ପଥେ ଆଜି ଚାଲିଗଲାବେଳେ ପଡୁଛି ମନେ
ଆସୁଥିଲା ଦିନେ ଏଇ ପଥପରେ ତରୁଣୀ ଜଣେ
ମାନି ସେ ନଥିଲା ଶତ ଅପବାଦ ବେଦନା ଗାଳି
ଆସେ ନିତି ନିତି, ଏଇ ପଥେ ଚାରୁଚରଣ ଚାଲି ।

ବୁକେ କେତେ ଆଶା, ଆକୁଳ ପିପାସା ଅଧରେ ହସ
ପ୍ରିୟତମ ପାଇଁ ନିବିଡ଼ ମମତା ନାହିଁ ଯା' ଶେଷ,
ଧରଣୀର ଶତ ବେଦନା-ଅନଳେ ଗଲେ ବି ଜଳି
ଆସେ ନିତି ନିତି ଏଇ ପଥେ ଚାରୁଚରଣ ଚାଲି ।

ତା'ର ପଦପାତେ, ଏଇ ରାଜପଥେ କୁସୁମ ଫୁଟେ
କବରୀ ସୁବାସେ ଆକୁଳ ମଳୟ ବିଳପି ଉଠେ,
କେତେ ତରୁଣର ଚିତ୍ତେ କାମନା ଉଠଇ ଝଳି
ଆସେ ଯେତେବେଳେ ଏଇ ପଥେ ଚାରୁଚରଣ ଚାଲି ।

ଅତୀତ ସିନ୍ଧୁ-ଗରଭେ ସେ ଦିନ ଗଲାଣି ମିଶି
ତଥାପି ବିନ୍ଦୁ ସମାନ ସ୍ମୃତି ତା ଉଠଇ ଭାସି ।

୪୪

ମୋ ପାପର ପ୍ରବଳ ଅନଳେ ମୁଁ ଯେ ନିତି ଜଳିପୋଡ଼ି ମରେ
ମୋ ଦୁଃଖର ଅଥଳ ସାଗରେ ମୁଁ ଏକାକୀ ନାଆ ମୋର ଚାଳେ
ସାହା ନାଇଁ, ସାଥୀ ନାଇଁ, କିଏ କେଣେ କିଛି ଜାଣେ ନାହିଁ,
କେତେ ଝଡ଼ ବତାସି ଗଲାଣି, ଲାଭ-କ୍ଷତି କିଛି ଗଣେ ନାହିଁ ।

ଯିବାପାଇଁ ହେବ ବହୁ ଦୂର, ବହୁ କଥା ଅଛି ମୋର ବାକି
ବହୁ କାବ୍ୟ ଲେଖିବାକୁ ଅଛି, କିଏ ଜାଣେ ପାରିବି ନା ଲେଖି ?
ବହୁ କାମ କରିବାକୁ ହେବ, ବେଳୁଁବେଳ ବଳ ହୁଏ କ୍ଷୀଣ
ବହୁ କଥା କହିବାକୁ ଅଛି, କିଏ ଜାଣେ ପରିଣତି କ'ଣ ?

ଯେତେ ଯାହା ଗଲା ଅବା ଘଟି, ଭାବିବାକୁ ବେଳ ମୋତେ ନାଇଁ
ସଖାସାଥୀ, ପରିପନ୍ଥୀ, ଯେତେ କିଏ କେଣେ ଗଲେ ଜାଣେ ନାଇଁ,
କିଏ କ'ଣ ଦେଲା ଅବା ନେଲା, ହିସାବ ତା କିଛି ନାହିଁରଖି
ନିନ୍ଦା ଅବା ପ୍ରଶଂସା ଯା' କହ, ମୋ ପାଖେ ତା' ମୂଲ୍ୟ ନାହିଁ କିଛି ।

ମୋ ଦୁଃଖର, ମୋ କର୍ମର, ଗୁରୁଭାର ବହି ମଥାପରେ
ମୁଁ ଏକ ସୁଦୂର ଯାତ୍ରୀ ନୀରବରେ ଯିବି ବହୁଦୂରେ ।

୪୫

ମୁଁ ଜାଣେ ତୁମରି ଲାଗି ଲେଖିଗଲି ଯେତେକ କବିତା
କାଗଜ ଓ କଲମରେ କରିଗଲି ଜୀବନ-ବିନ୍ୟାସ,
ଅରୂପରେ ରୂପ ଦେଲି, ଦିନ-ରାତି-ମାସ-ବର୍ଷଧରି
ଗଢ଼ିଗଲି ଯେତେ କିଛି ଜୀବନର ନୂଆ ଉପନ୍ୟାସ ।

ତୁମ ଲାଗି ମଣିଷର ଦେହ ଧରି, କରିଗଲି ଯେତେକ ସାଧନା
ତୁମ ଲାଗି ଢ଼ାଳିଗଲି ଯେତେ ଲୁହ, ଯୁଗ-ଯୁଗଧରି
ଆଗାମୀ ଶତାବ୍ଦୀ ଲାଗି ସ୍ମୃତି ତବ ରଖିଲି ସାଇତି
ସବୁ ପାପ ଅପବାଦ ପ୍ରଣୟର ଛାତି ଚିରିଚିରି ।

ତୁମେ ତ ପାଇବ ନାହିଁ, ଦେଖି ତାକୁ ଏଇ ଜୀବନରେ
କିପରି ପାଇବ ତେବେ ଏ କବିର ପ୍ରାଣ-ପରିଚୟ,
କିପରି ବୁଝିବ ମୋର ଅନ୍ତରର ବ୍ୟଥା-ବ୍ୟାକୁଳତା
କିପରି ହୋଇବ ତେବେ ପରସ୍ପର ପ୍ରୀତି-ବିନିମୟ ।

ଫୁଟିବା ଆଗରୁ ଯେଉଁ ଫୁଲ ଝରେ ଧରା-ମାଟିପରେ
ଜୀବନ କି ବ୍ୟର୍ଥ ତା'ର ମୂଲ୍ୟହୀନ ଜନତା ଆଖିରେ ।

୪୬

ଘୂରିଲେ ମୋ ଚାରିପାଶେ, ଯେତେ ଗ୍ରହ କେନ୍ଦ୍ର କରି ମୋତେ
ନିଜ ନିଜ ଜୀବନର ପରିଧିରେ ଘୂରି ଘୂରି ନିତି,
କଲେ ମୋତେ ଆକର୍ଷଣ ରୂପେ, ଗୁଣେ, ବଚନେ, ବିଳାସେ
ନୟନେ ଇଙ୍ଗିତ ଦେଇ, ଗତିଛନ୍ଦେ ତୋଳି ନବ ଗୀତି ।

ଅକୁହା ସଙ୍ଗୀତ ଗାଇ, ଅଦେହର ଉପଚାର କରି
ଶରୀର-ସାଗରେ ମୋର ଉଠାଇଲେ ଭୀଷଣ-ତରଙ୍ଗ
ଯୌବନର ଦୀପ୍ତ ତେଜେ, ସୌନ୍ଦର୍ଯ୍ୟର ସ୍ନିଗ୍ଧ-ଶିଖା ବଳେ
ଉତ୍ତପ୍ତ କଲେ ଏ ପ୍ରାଣ, କାମନାର ହେଲା ନିଦ୍ରାଭଙ୍ଗ ।

ମୁଁ ଦେଖିଲି ଚଉପାଶେ, ଲାସ୍ୟରତ ଅନେକ ଜୀବନ
ପାରିଜାତ ଗନ୍ଧ ଛୁଟେ ନୟନରୁ ମଦ୍ୟ ପଡ଼େ ଝରି,
ମୁହୂର୍ତ୍ତର ଭାବାବେଶେ, କି ଅଜ୍ଞାତ ଦୁର୍ବାର ଆବେଗେ
ବଢ଼ାଇଲି ହାତ ମୋର, ଫିଟିଗଲା ଲୁହାର ଶିକୁଳି ।

ସରବେ ଗଲେଣି ଚାଲି, ବାହୁପାଶେ ଦେଇସାରି ଧରା
ଆଜି ଖାଲି ଜଳେ ନିଜେ, ଢ଼ାଳିଯାଏ ଦହନର ଜ୍ୱାଳା ।

୪୭

ତୁମକୁ ଭଲପାଇ ମୁଁ ଯଦି ଜଳିଯିବି ନୀରବେ
ତୁମକୁ ଝୁରି ଝୁରି ଜୀବନ ଶିରୀ ଯଦି ତୁଟିବ,
ତୁମେ କି ସୁଖୀ ହେବ, ହସିବ ବିଜୟୀର ଗରବେ ?
ତୁମରି କୀରତିର ବାରତା ଦିଗେ ଦିଗେ ରଟିବ ।

ଆକାଶେ ମେଘମାଳା ଥାଉଁ ଗୋ ଯଦି ମରେ ଚାତକ
ସାଗରେ ବରଷିଲେ ସତେ କି' ଯଶ ତା'ର ରହିବ,
ମାଳତୀ ବକୁଳର କୁଳ ଗୋ ଥାଉଁ ଥାଉଁ ମରତେ
ମରିବ ଯଦି ଅଳି, କହିବ ଦୋଷ କା'ର ହୋଇବ ।

ତୁମରି ରୂପଛବି ମନେ ଯେ ନିତି ନିତି ରେଖିଲା
ତୁମରି ଗୁଣ ଲାଗି ଅନେକ କବିତା ଯେ ଲେଖିଲା,
ତୁମରି ସ୍ନେହ ଲାଗି ଭୁଲିଲା ଯିଏ ସବୁ ଜୀବନେ
ସେ ଯଦି ଜଳିଯାଏ, ତୁମେ କି ସୁଖୀ ହେବ ଗୋପନେ ?

ତା'ହେଲେ ଜଳିବାକୁ ତିଳେ ମୋ ଅଭିଯୋଗ ନାହିଁ ଗୋ
ଯାହା'ରେ ଭଲ ପାଏ ଜଳିବି ଆଜି ତାହା ପାଇଁ ଗୋ ।

୪୮

ତୁମ ଦ୍ୱାରେ ଠିଆହେଲି, ବହୁ ବାଟ ବହୁ ପଥ ଫେରି
ଅନେକ ଆଘାତ ସହି, ଆଖିପତା ଲୋତକରେ ଧୋଇ,
ଟିକିଏ ଆଶ୍ୱାସ ପାଇଁ, ସ୍ନେହ ପାଇଁ, ଜିଇବାର ମୋହେ
ତୁମେ ବି ପଥର ହେଲ, ମନକଥା ବୁଝିଲ ତ ନାହିଁ ।

ତୁମେ ବି ଆଘାତ ଦେଲ, ଘୁରାଇଲ ପୁଣି କେତେ ବାଟ,
ଜାଳି ପୋଡ଼ି ତୁମେ ପୁଣି, ଏ ମନକୁ ଛାରଖାର କଲ,
ଆଶ୍ୱାସନା ଦୂରେ ଥାଉ, ଯନ୍ତ୍ରଣାରେ ଜାଳିଲ ଜୀବନ,
ଏଇ ତୁମ ପରିଚୟ, କିବା ଲାଭ ଏଥୁଁ ବା ପାଇଲ ?

ଜାଣିଲି ତୁମକୁ ଏବେ; ମଥା ପୋତି ଯାଉଅଛି ଫେରି
ନାଇଁ କିଛି ଅଭିଯୋଗ, କିଛି ମୋର ଅଭିମାନ ନାଇଁ,
ଯେଉଁପରି ଆସିଥିଲି, ଆପେ ଆପେ ଫେରିବି ସେପରି
ତୁମ ଛଳନାର ବ୍ୟଥା ପୁଣି ଏଇ ବୁକୁତଳେ ନେଇ ।

ଆଶ୍ୱାସନା ଦେବା ପାଇଁ ଶକ୍ତି ଯା'ର ନାଇଁ ତିଳେହେଲେ
ସେ ପୁଣି ଆଘାତ ଦିଏ, ଜାଣେନି ମୁଁ କେଉଁ ଅଧିକାରେ ।

୪୯

ସନସନ ବହେ ଅମାନିଆଁ ଶୀତ ପବନ
ଘନ ଘନ ତୁମ କଥା ଆଜି ପଡ଼େ ମନେ,
ଦିନଦିନକର ସେନେହ-ସାଉଁଳା କାହାଣୀ
ଛନଛନ ବୁକେ ବେଦନା ଦିଅଇ ପ୍ରାଣେ ।

କୁଟୀର ଦୁଆର ମୁକୁଳା ରହିଛି ମୋର ଗୋ
ଆକୁଳ ନୟନ ତୁମ ପଥ ଅଛି ଚାହିଁ,
କଥା ଦେଇଥିଲ, ମନେ ରଖିଥିବ ବୋଲି ଗୋ
ସତେ ଭୁଲିଗଲ ! ଆଉ ତ ଫେରିଲ ନାହିଁ ।

ସରମଜଡ଼ିତ ପରାଣ କାହାଣୀ ତୁମର
ଶୁଣିବାକୁ ନିତି ବସିଛି ଶ୍ରବଣ ଡେରି,
ଜୋଛନା-ଧଉତ ମଧୁର ତୁମର ମୂରତି
ଦେଖିବାକୁ ପ୍ରିୟା, ବସିଛି ନୟନ ମେଲି ।

ଉଜାଗରେ ଜାଳେ ଜାଗର ନୟନ-ନୀରେ
ତୁମ ଲାଗି ନିତି ଜୀବନ-ଯମୁନା-ତୀରେ ।

୫୦

କେତେ ଜଞ୍ଜାଳେ ଜଳିଜଳି ଯାଏ ଜୀବନ
ବେଦନା-ବତାସେ ହଜି ହଜି ଯାଏ ବାସନା,
ପରାଣର ଦୀପ ଲିଭି ଲିଭି ଯାଏ ନୀରବେ
ଶୁଖି ଶୁଖି ଯାଏ ସେନେହ-ପୀରତି ଝରଣା ।

ଜୀବନ-ମରୁରେ ଚାଲିବାକୁ ବଳ ପାଏନା
ଅତୀତ ସପନ ଗଲାଣି ମିଳାଇ ସୁଦୂରେ,
କିଏ କାହିଁ ଆଜି ? ଜଣେ ତ ଆଖିରେ ପଡ଼େନା
ଛାଡ଼ିଗଲେ ସବୁ ଜୀବନର ଅଧା-ପଥରେ ।

ପଛକୁ ଫେରିବା ମିଛ ବୋଲି ମୁଁ ତ ଜାଣିଛି
ଆଗକୁ ଯିବାକୁ ଥରଥର ଥରେ ଚରଣ,
ହାତ ଯୋଡ଼ି କବି ନୟନ ନୁଆଇଁ ମାଗୁଛି
ମରଣ ହେ, ତବ ପଦତଳେ ଦିଅ ଶରଣ ।

ସଉଦା ସରିଲା, ଫେରିବାର ବେଳ ହେଲାଣି,
ସବୁଦିନ ପାଇଁ ଯିବାକୁ ମାଗୁଛି ମେଲାଣି ।

୫୧

ପଛକଥା ଯେତେ, କେବେ କି ପଡ଼େନି ମନେ
କେବେ କି ଭାବନି ଥିଲା ବୋଲି କିଏ ଜଣେ,
କେବେ କି ନିମିଷେ ନୀରବେ ରହିନ ବସି
ଅତୀତର ଶତ ସ୍ମୃତି କି ଉଠେନି ଭାସି ?

ମନ-ଉପବନେ ଫୁଟିଥିଲା ଫୁଲ ଯେତେ
ଗଲା ସତେ ସବୁ ଭାସି କି ସମୟ-ସ୍ରୋତେ,
ମାଧୁରୀ କି ତା'ର ଅଧୀର କରେନି ଆଜି
ସବୁ କି ଯାଇଛି କାଳ-ବେଳାଭୂମେ ହଜି ।

ଜୀବନ-ବୀଣାରେ ଜାଗିଥିଲା ଯେଉଁ ଗାନ
ଆଜି କି ହୋଇଛି ତା'ର ଶେଷ ଅବସାନ ?
ଭେଦ ଅତୀତର ଘନ ଘୋରତମ ନିଶି
ବେଳେବେଳେ ତା'ର ସୁର କି ଆସେନା ଭାସି ?

ସତେ ସବୁ ତୁମେ ପାରିଛ କି ଆଜି ଭୁଲି ?
ଅତୀତର ନାଗ ଉଠେନି କି ଫଣା ଟେକି ?

୫୨

ଯଦି ମନେପଡ଼େ ଏ ଦୀନ କବିର କଥା
ତୁମ ପରିଚିତ ଅକୁହା ଅତୀତ ଗାଥା,
କେତେ ହସ ରୋଷ ମିଳନ ଗୀତି
ଲୁହ-ଲହୁଦିଆ ପରାଣ-ଉଚ୍ଛୁଳା ପ୍ରୀତି ।

କେତେ ଅଭିମାନ ଅଶ୍ରୁ-ମଧୁର ସ୍ମୃତି
କେତେ ମଧୁଝରା ମିଳନ-ମାଧବୀ ରାତି,
କେତେ କଳପନା ସୁନେଲି ସପନ ଢେଉ
କେତେ ବୁକୁଫଟା ବିରହ-ବେଦନା ଦାଉ ।

ବରଷା ନିଶିରେ ଶରତ୍ ସକାଳେ ଅବା
ଫଗୁଣ ସଞ୍ଜେ ଚଇତାଳି ରାତେ କିବା,
ସେଇ ଅପାସୋରା ଅତୀତର କଥା ଯେତେ
ଯଦି ମନେପଡ଼େ ଚମକି ପଡ଼ କି ସତେ ?

ଥରିଯାଏ ତନୁ, ଝରିଯାଏ ଲୁହଧାର
ପୁଲକିତେ କହ 'ତୁମେ'ଇ ମୋ ଆପଣାର ।

୫୩

ଶୁଣେ ଯଦି ତୁମ କଥା କେବେ ଅବା କାହିଁ
ସହସା ବିକଶିଉଠେ ଚିତ୍ତ ଶତଦଳ,
ଆଶା ଜାଗେ ଶୁଣିବାକୁ ଆଉ ବେଶୀ କିଛି
ଭାଷା ନାହିଁ ସ୍ୱରେ, ହୁଏ ନୟନ ସଜଳ ।

ଦେଖେ ଯଦି ତୁମପରି, କେଉଁଠି କାହାରେ
ଇଚ୍ଛା ହୁଏ, ପୁଛିବାକୁ ତା'ର ପରିଚୟ,
ବାରଣ ନ ମାନି ଆଖି ଚାହେଁ ଫେରି ଫେରି
କରୁଣ ଆବେଗେ ହୁଏ ପରାଣ ଅଥୟ ।

ଭାବେ ଯଦି ତୁମ କଥା ଅବସରବେଳେ
ସରମ ସଙ୍କୋଚେ ଥରିଉଠେ ପ୍ରାଣ-ବୀଣା,
ଶିରାରେ ଶିରାରେ ଜାଗେ ଶିହରଣ ନୂଆ
ଅତୀତର ନାଗସାପ ଉଠେ ତୋଳି ଫଣା ।

ଶ୍ରବଣେ, ନୟନେ, ପ୍ରାଣେ, ଜୀବନ-ପ୍ରବାହେ
ସ୍ମୃତି ତବ ଭାସିଉଠେ, ସ୍ୱର୍ଣ୍ଣ-ସମାରୋହେ ।

୫୪

ସଖା ସହପାଠୀ ବନ୍ଧୁ ପ୍ରିୟଜନମେଳେ
ଥିଲାବେଳେ ରତ ନାନା ଆଲୋଚନା ନେଇ,
ଚମକିପଡ଼ି କି ସତେ ତୁନି ହୋଇଯାଅ
ଅକସ୍ମାତେ ନାଆଁ ମୋର ଦେଲେ କିଏ କହି ?

ମାସିକ-ପତ୍ରିକା ଅବା ଦୈନିକ-କାଗଜ
ପଢୁ ପଢୁ ବୁକେ ସତେ ଲାଗେ କି ଗୋ ନିଆଁ ?
କିଛି ପଢ଼ିପାରନାହିଁ, ପାଲଟ ନିଶ୍ଚଳ
ଦେଖ ଯଦି ତହିଁ ଏହି ଦୀନ କବି ନାଆଁ ।

ଯାତ୍ରା ମେଳା-ମଉଛବ ଜନଗହଳିରେ
ସାଗର-ସିକତା-ଶେଯେ କେବେ ଯଦି କାହିଁ,
ମୋ ସଦୃଶ କାହା ମୁହଁ ଦୂରୁ ଯାଏ ଦିଶି
ସତେ କି ସରମଭାରେ ଚାହିଁପାର ନାହିଁ ।

ମନର ଅତଳେ ତୁମେ ଗୋପନେ କି ଅତି
ସାଇତି ରଖିଛ ଏଇ ଦୀନ କବି-ସ୍ମୃତି ?

୫୫

ଜୀବନ-ଜଞ୍ଜାଳେ ଯେବେ ହେଉଥାଏ ଧନ୍ଦି
ନାହିଁ ଥାଏ ଅବସର ଏ ଦୁଃଖୀ ଜୀବନେ,
ଦିନରାତି ନାନା ଚିନ୍ତା ଘାରୁଥାଏ ନିତି
ଖୋଜୁଥାଏ ପଥ ସଦା ଅଭାବ ପୂରଣେ ।

କେବେ ଯଦି ନୀରବରେ ଶିରେ ଦେଇ ହାତ
ଚାହିଁଥାଏ ବହୁଦୂରେ ନୀଳ ଆକାଶରେ,
ଅବା ବସି ପଢୁଥାଏ, ଲେଖୁଥାଏ କିଛି
ମାତିଥାଏ ଅବା ଶିଶୁସହ କୌତୁକରେ ।

ବନ୍ଧୁମେଳେ ଥାଏ ରତ ଆଲୋଚନା ନେଇ
ଭ୍ରମୁଥାଏ ଅବା ନିରୁଦ୍ଦେଶ୍ୟ ପଥଧାରେ,
ବସିଥାଏ ଏକାକୀ ବା ଶୂନ୍ୟ ବେଳାଭୂମେ
ଗୋଧୂଳି ଲଗନେ ଅବା ରଜନୀ ଅନ୍ଧାରେ ।

ଅକସ୍ମାତେ ସ୍ମୃତି ତବ ଚିତ୍ତ ଦିଏ ଛୁଇଁ
ଚକିତେ ଚମକି ଦେଖେ କିଏ କାହିଁ ନାଇଁ ।

୫୬

କେତେ କେତେ କଥା କହିଲେ ଦୁନିଆଭରି
କେତେ ବେଦନାରେ ଦଗଧ ହେଲା ଏ ପ୍ରାଣ,
ନୟନରୁ କେତେ ଲୋତକ ପଡ଼ିଲା ଝରି
କେହି କି ବୁଝିଲା କବିର କରୁଣ ଗାନ ?

ଏ ଜୀବନ ନେଇ ସେମାନେ ଖେଳିଲେ ଖେଳ
ମୋ କବିତା ଶୁଣି ସେମାନେ ହସିଲେ ହସ,
ଏଇନେ ତାଙ୍କର ପଡ଼ିଛି ସୁଖର ବେଳ
ଛୁଇଁନି ପରାଣ ଭୀଷଣ-ଜୀବନ-ବିଷ ।

ମୋ କବିତା ଯଦି ନୟନୁ ଲୋତକ ଢ଼ାଳି
ବାରବାର ପୁଣି ପଢ଼ିଲେ ତାହାକୁ ଯିଏ,
ବେଦନା-ନିଆଁରେ ଗଲେ ବି ପରାଣ ଜଳି
ମଧୁର ପ୍ରୀତିର ପରଶ ପାଇଛି ସିଏ ।

କାହା ହସ, କାହା ଲୁହ ଲାଗି ନାହିଁ ଚିନ୍ତା
ଯାହା ତ କହିଛି, ସବୁ ଏ ଜୀବନ-କଥା ।

୫୭

କାହା ଆଗେ ଆଉ ହୃଦୟ ହେଉନି ଖୋଲି
ଆପଣାର ଦୁଃଖେ ସେ ଲାଗି ମରୁଛି ନିଜେ,
ଜୀବନ-ସାଗରେ ଚାଲିଛି ନଉକା ମେଲି
ପରାଣେ କରୁଣେ ବେଦନାର ବୀଣା ବାଜେ ।

ଆକାଶ-ବୁକୁରେ ସୁନେଲି-ସପନ ବୋଳି
ସକାଳ ତପନ, ସଞ୍ଜେ ଯାଉଛି ହଜି,
ଅତୀତ ଜୀବନ ମଧୁର କାହାଣୀ ଭାଳି
ମୁଗ୍ଧ ବିଭୋର ଦେଖେ ମୁଁ ସପନରାଜି ।

ସପନ ଭାଜିଲେ ଦାରୁଣ ଜୀବନ-ଛବି
ଚଉପାଶେ ନାଚେ, କାତରେ ପରାଣ ଥରେ,
ସକଳ ସପନ କ୍ଷଣକେ ହରାଇ କବି
କରୁଣେ ପୁଣି ତା ତରଣୀ ଚଳାଏ ଧୀରେ ।

ନାଆ ମୋର ଯିବ ସାଗର ସେପାରି ଦେଶେ
ଏ ଆଖିର ଲୁହ ସରିବ ସେଇଠି ଶେଷେ ।

୫୮

କିଏ କହିଥିଲା, ଆଜି କିଛି ମନେ ପଡ଼େନା
ପ୍ରଣୟ ତୁଟିଲେ କବିତାର ଧାରା ଛୁଟେନା,
ମହୁଆ-ମଳୟ ଅଭିସାର ସାରି ଫେରିଲେ
ଲତା-ଉହାଡ଼ରେ କୁସୁମ-କଳିକା ଫୁଟେନା ।

ମାନସୀ ମୋ ଆଜି ହଜିଲାଣି ଦୂର ଅତୀତେ ।
ସେ ଦିନ ଯା' ଥିଲା ସତ ଆଜି ସାତ-ସପନ,
ପ୍ରଣୟର ସେଇ ପୁରୁଣା ଆବେଗ ମଲାଣି
ତଥାପି ଏ ବୁକେ ବେଳେବେଳେ ଉଠେ ତୋଫାନ ।

ଦୁନିଆର ଶତ ଜଞ୍ଜାଳ, ଜ୍ୱାଳା ବେଦନା
ମାନ ଅପମାନ ଅଭାବ ଓପାସେ ଦଳିତ-
ହୋଇ ଚିରଦିନ, ଶୂନ୍ୟ ହୋଇନି ସାଧନା
ଲେଖନୀରେ ଫୁଟେ କବିତା କୋମଳ ଲଳିତ ।

ପ୍ରଣୟର ସାଥେ କବିତା କାହିଁକି ମରିବ
ପ୍ରେମ ମରେ ସିନା, କବି କିଆଁ ହେବ ନୀରବ ।

୫୯

ଜଞ୍ଜାଳେ ଦିନ ଯାଉଛି ଜଳି
ଜୀବନ-ବନରେ ଲାଗିଛି ନିଆଁ,
ମହମର ସବୁ ସପନ କଳି
ପଡୁଛି ତରଳି, ଉଠୁଛି ଧୂଆଁ ।

ପୀରତିର ପୋଥି କାଟୁଛି କୀଟ
ଯଉବନ ଆଜି କାଗଜଫୁଲ,
ପେଟ ପାଇଁ ନିତି ଲାଗିଛି ନାଟ
ସଭ୍ୟତା ଆଜି ଗରଳ ଖେଳ ।

ଏତେବେଳେ ତୁମେ ପଡୁଛ ମନେ
ଅତୀତ ଦେଉଛି ଥରାଇ ଦେହ,
ହୃଦୟର କେଉଁ ଅଜଣା କୋଣେ
ତୁମ ଲାଗି ଜାଗେ ପୁରୁଣା ମୋହ ।

ଆଗେ ପଛେ ଚାହେଁ, ସେ ଦିନ କବି
ନୟନେ ନାଚଇ ଅନେକ ଛବି ।

୬୦

କେତେ କେତେ କଥା ଏ ଜୀବନେ ହେଲା କୁହା
ତଥାପି ତ କେତେ ରହିଗଲା ଆହା ବାକି,
କା' ଆଗେ କହିବି ଶୁଣିବ କିଏ ସେ ଅବା
ବୁକୁର ବେଦନା ବୁକୁରେ ଗୋ ଯିବ ଶୁଖି ।

ଜାଣେ ନାହିଁ ତୁମେ କି ଦେବ ଆସିଲେ ପାଶେ
ତଥାପି ତୁମକୁ ବାରବାର ବସେ ଖୋଜି,
ସହସା କି ଲାଗି ଚାଲିଗଲ କେତେ ଦୂରେ
ଆକାଶର ଶଶୀ ମେଘେ କିଆଁ ଗଲା ହଜି

ତୁମେ ପାଲଟିଛ କୋଟି ନୟନର ରାଣୀ
ଭଲ ପାଇ ଆଜି ଭିକାରି ହୋଇଛି ମୁହିଁ
ଯେଉଁ ମାଳା ତୁମେ ଫୋପାଡ଼ି ଦେଇଛ ତଳେ
ଆସିଛି ନୀରବେ ଗୋଟାଇ ତା ନେବା ପାଇଁ ।

ଯେଉଁ ଅପବାଦ ଏ ଲଲାଟେ ଗଲ ଲେଖି
ଏ ଜୀବନେ ଏକା ସେଇ ଗଉରବ ସଖୀ ।

୬୧

ତୁମ ଲାଗି ଯେତେ ପୀରତିର ଗୀତ ଗାଇଲି
ପାରିଲାନି କି ତା' ପରାଣ ତୁମର ଛୁଇଁ ଗୋ,
ତୁମ ଲାଗି ଯେତେ ନୟନୁ ଲୋତକ ଢ଼ାଳିଲି
ଦୁନିଆ-ଦୁଆରେ ମୂଲ କି ତାହାର ନାଇଁ ଗୋ ।

ଆଉ କେହି ସିନା ପାରିଲେନି ବୁଝି କବିରେ
ଉପହାସ କରି ବେଦନା ଦେଲେ ଏ ପରାଣେ,
ତୁମେ ବି ସତେ କି ବୁକୁର କବିତା ବୁଝିନ
କିପରି ଆଉ ମୁଁ ବୁଝାଇବି ତେବେ ନ ଜାଣେ ।

କା' ଆଗେ ତା'ହେଲେ ପରାଣର ବୀଣା ବାଇବି
କା' ଆଗେ ଡାକିବି ନୟନୁ ଲୋତକ ଅସରା,
ସିଏ ଯଦି ଆଜି ବୁଝିପାରିଲାନି ମୋତେ ଗୋ
ଯାହାକୁ କରିଲି ପ୍ରାଣର ପୀରତି-ପସରା ।

ତୁମ ଲାଗି ସବୁ ଦେଇଛି ଉଜାଡ଼ି ଜୀବନେ
ଭାବେ ଖାଲି ତୁମେ ନ ପାରିଲ ବୁଝି କେସନେ ।

୬୨

ସେଦିନ ଥିଲା ଜନ୍ମାଷ୍ଟମୀ, ସେଦିନ ଥିଲା ବର୍ଷାଧାରା
ସେଦିନ ଥିଲା ପରାଣ-ପାତ୍ର ଯୌବନର ମଦ୍ୟେ ଭରା,
ସେଦିନ ଥିଲା ବକ୍ଷେ ଆଶା, ସେଦିନ ଥିଲା ବକ୍ଷେ ନିଶା
ସେଦିନ ତୁମେ ଆସିଲ ରାଣୀ! କଣ୍ଠେ ତୋଳି ସ୍ନିଗ୍ଧ ଭାଷା ।

ମୁଗ୍ଧା ତୁମେ ମୁଗ୍ଧ କଲ ଦଗ୍ଧ କଲ ତରୁଣପ୍ରାଣ
ଚତୁରୀ ତୁମେ ବିଦ୍ଧ କଲ, ଶାଣିତ ତୁମ ନୟନବାଣ,
ଖୋଜିଲି ପଥ ଯିବାକୁ ଦୂରେ, ହଜିଲି ଖାଲି ଅନ୍ଧକାରେ
ଆଚମ୍ବିତେ ବନ୍ଦୀ ହେଲି, ତୁମରି ତନୁ-ବନ୍ଦିଶାଳେ ।

ତୁମରି ଆଖି ତୁମରି ଓଠେ, ଦେଖିଲି ନୂଆ ସୂର୍ଯ୍ୟ ଉଠେ
ତୁମରି ଲଜ୍ଜାରକ୍ତ ମୁଖେ ଦେଖିଲି ନିତି ପଦ୍ମ ଫୁଟେ ।
ଶଙ୍ଖ-ଶୁଭ୍ର ବକ୍ଷେ ତବ ଅଧର ରଖି ମୂର୍ଚ୍ଛାଗଲି
କୋମଳ ବାହୁବଳୟେ ତବ ବନ୍ଦୀ ହେଲି, ବନ୍ଦୀ ହେଲି ।

ସକଳ ଶୋକ-ବେଦନା ଭୁଲି, ତୋଳିଲି ଗାନ ହୃଦୟଭରି
ବନ୍ଦିଶାଳା ବକ୍ଷ ଚିରି, କବିତାଧାରା ପଡ଼ିଲା ଝରି ।

୬୩

ସେଦିନ ଆକାଶେ ଥିଲା, ଏଇପରି ମେଘର ପାଖୁଡ଼ା
ପବନରେ ଥିଲା ବାସ୍ନା, ଶୁଭୁଥିଲା ସାଗର-ସଙ୍ଗୀତ,
ଏ ଦେହର ନଈ ଥିଲା ଭରପୁର ଦୁଇ କୂଳ ଛୁଇଁ
ନାଆ ମୋର ମେଲିଦେଲି, ମନା କା'ର ମାନିଲି ମୁଁ ନାଇଁ ।

ପ୍ରୀତିର ପବନେ ଗଲେ ଭାସି ଆମେ କେତେଦୂର ଆହା
ଚାରିଆଡ଼େ ସାଗରର ନୀଳ-ରୂପ ତରୁଣ-ତରଙ୍ଗ
ସୁଜୁଥିଲା କେତେ ମାୟା, କହୁଥିଲା କାନେ ନୂଆ କଥା
ହଠାତ୍ ଉଠିଲା ଝଡ଼ ଅକସ୍ମାତ ହେଲା ସ୍ୱପ୍ନଭଙ୍ଗ ।

ଅତଳ ସାଗରବୁକେ, ଆମେ ଦୁଇ ପ୍ରୀତି-ମୁଗ୍‌ଧ ପ୍ରାଣ
ଆକାଶେ ପାଗଳ ଝଡ଼, ହିଂସ୍ର ହେଲା ସାଗରର ଢେଉ
କ୍ଷୁଦ୍ର ମୋ ତରଣୀଗୋଟି ଅସହାୟେ ଗଲା ଆହା ବୁଡ଼ି
ପରସ୍ପର ବାହୁପାଶୁଁ ଛିନ୍ନ ହେଲେ ଆମେ ଚାହୁଁ ଚାହୁଁ ।

ତୁମେ କାହିଁ କେତେ ଦୂରେ, ମୁଁ ଲାଗିଛି ଲୁହ-ଉପକୂଳେ
ପ୍ରୀତିର ତରଣୀ ଆମ ହଜିଅଛି ସାଗର ଅତଳେ ।

୬୪

ଏ ଜୀବନ-ଯାତ୍ରାପଥେ ଫୁଲ କୋଟି କୋଟି
ଫୁଟିଥିଲା ପଥପାଶେ ଗନ୍ଧ ଥିଲା ଛୁଟି,
ରୂପ-ରସ-ସଉରଭେ ଏକୁ ଆନ ବଳି
ଚାରିପାଶେ ଖେଳୁଥିଲେ ସତେ ଲୁଚୁକାଳି ।

ଜାଣେନା କାହିଁକି ଏଇ ଦଗଧ କବି-ଚିତ୍ତେ
ଗୋଟିଏ କୁସୁମ ଲାଗି ଜାଗିଲା ବାସନା,
ଗୋଟିଏ ଫୁଲର ଗନ୍ଧ ଅନ୍ଧ କଲା ମୋତେ
କିଛି ନା ଦିଶିଲା ଭଲ ଗୋଟିକର ବିନା ।

ଆସିଲା ମଳୟ ମଧୁ ଜୋଛନାର ରାତି,
ଆସିଲା ଶରତ୍ ଶୁଭ୍ର କୌମୁଦୀର ଧାରା,
ସେ କୁସୁମ ସ୍ନିଗ୍ଧ ବୁକେ ଜଡ଼ାଇ ଏ ଛାତି
ସରଗ ମଣିଲି ସିନା ଏ ଧୂସର ଧରା ।

ନିଦାଘର ଖର ତାପେ ସେ କୁସୁମ ଆଜି
ଝରିପଡ଼ିଅଛି ତଳେ, ସ୍ୱପ୍ନ ଅଛି ଭାଜି ।

୬୫

ଆଜି ମନେ ପଡ଼େ, ଦୂର ଅତୀତର କାହାଣୀ
ପାସୋରା ଦିନର କେତେ ଅପାସୋରା କବିତା,
କେତେ କିଏ ଥିଲେ, ଆଜି କେ କୁଆଡ଼େ ଗଲେଣି
ମନର ଅତଳେ ସ୍ମୃତି ତ ରହିଛି ସାଇତା ।

ନିଛାଟିଆ ଦିନ ନୀରବ ନିଜନ ଲଗନେ
ତିମିରିତ-ଘନ-ଗଭୀର ରଜନୀକୋଳେ ଗୋ,
ଅବସର କେବେ ମିଳିଲେ ଏଇ ମୋ ଜୀବନେ
ଅତୀତ ଆସଇ ଚରଣ ଚଳାଇ ଧୀରେ ଗୋ ।

ଉଦାସ ପରାଣେ ଲାଗଇ ନୂତନ ଚେତନା
ଶିରାରେ ଶିରାରେ ଭାସଇ ମଧୁର ସୁରଭି,
ବୁକୁତଳେ ଉଠେ କେତେ ଅହେତୁକୀ ବାସନା
ଜୀବନ-ବୀଣାରେ ଜାଗଇ ନବୀନ ପୂରବୀ ।

ଅତୀତ ମୋ ଚିର-ସୁନ୍ଦର ଚିର-ମଧୁର
ଧନ୍ୟ ହୋଇଛି ତା' ଲାଗି ଜୀବନ କବିର ।

୬୬

ତୁମେ ଗଲା ଦିନୁଁ ନୀରବ ରହିଛି ବୀଣା
ସୁଷମ-କବରୀ-କୁସୁମ ହୋଇନି କିଣା,
ବହିନି ମଳୟ ଗାଇନି କୋଇଲି କୁହୁ
ଜୀବନ-ଯମୁନା-ଜଳରେ ଉଠିନି ଢ଼େଉ ।

ନିରଜନ-ପଥେ ଗଭୀର-ରଜନୀ ତୀରେ
କେହି ତ ଆସିନି ଚରଣ ଚଳାଇ ଧୀରେ,
ସେହି ସେ ରଜନୀ, ସେଇ ପଥ ଅଛି ପଡ଼ି
ଆସିବାର ଯିଏ, ସିଏ ତ ଗଲାଣି ଚାଲି ।

ଅଧୀର-ଅଧରୁ ମଧୁଧାର ଗଲା ଶୁଖି
ଜୀବନ-ଖାତାରେ ଦୁନିଆଁଯାକର ବାକି,
ବୁକୁର ରକତେ ପୀରତିର ଗୀତି ଲେଖି
ବିରହ-ବିଧୁର-ବାସର ଚିତାଏ ସଖୀ ।

କବିର ଲେଖନୀ ଆକୁଳେ ରହିଛି ଚାହିଁ
ବାହୁଡ଼ା ଦିନର କବିତା ଗାଇବା ପାଇଁ ।

୬୭

ଚାହିଁଥିଲି ପଥ ଆଜି କାଲେ କିଏ ଆସିବ
ପଦପାତେ ତା'ର ଜୀର୍ଣ୍ଣ କୁଟୀର ହସିବ,
ରୂପାଲୋକେ ତା'ର ଆଲୋକିତ ହେବ ଭବନ
ପରଶେ ତାହାର ଧନ୍ୟ ହେବ ଏ ଜୀବନ ।

ଜୀବନର ପଥେ କେତେ ଦେଇଥିଲେ ବଚନ
କରିବାର ଲାଗି ମୋ ସାଥେ କୁଟୀର ରଚନ,
କିଏ କେଣେ ଗଲେ, ଜଣକର ଦେଖା
ଏ ଜୀବନ କ'ଣ ଜଣକର ବିନା ଚଳେନି ?

ପ୍ରତିଟି ଜୀବନେ ଜଣେ ହେଲେ କିଏ ଆସେ ତ
ମଧୁର ଛନ୍ଦେ, ମନ୍ଦିର କାହାଣୀ ଭାଷେ ତ,
ପରଶେ ତାହାର ହରଇ ସକଳ ପରାଶ
ରୁକ୍ଷ ଜୀବନ କରେ ମଧୁମୟ ସରସ ।

ଜଣକ ବିହୁନେ ନୀରବେ ପରାଣ ଜଳେ ରେ
ମରମ ଆକୁଳ ନୟନୁ ଲୋତକ ଢ଼ାଳେ ରେ ।

୬୮

ଏତେ ପାଖେ ଥିଲ ତୁମେ, ଆଜି ପୁଣି ଏତେ ଦୂରେ ଅଛ
ଏତେ ଭଲପାଉଥିଲ, ଆଜି ପୁଣି ଏତେ ଅବହେଳା !
ଯେତେ କଥା କହିଥିଲ, ସବୁ ତେବେ ମିଛ ଅଭିନୟ
ଭାବି ମୁଁ ପାରୁନି ସତେ, ଇଏ ସବୁ କ'ଣ ହୋଇଗଲା ।

ମିଛ ଯଦି ପ୍ରୀତି ତବ, କିଆଁ ଏତେ ସହିଲ ଯାତନା
ଧରଣୀର କଷାଘାତେ ନୟନରୁ ନୀର ନିତି ଢ଼ାଳି
କାହିଁକି ପରାଣେ ମମ ଉଠାଇଲ ମଧୁର ମୂର୍ଚ୍ଛନା
ଏ ଦଗ୍‌ଧ ହୃଦୟେ କିଆଁ ଚନ୍ଦନର ସ୍ପର୍ଶ ଦେଲ ବୋଲି ।

ତୁମର ପୀରତି କେବେ, ନଥିଲି ତ ହାତ ପାତି ମାଗି
କାହିଁକି ଆପଣାଛାଏଁ ସବୁ କିଛି ଦେଲ ମୋର କରେ,
ଆଜି ପୁଣି କେଉଁ ଦୋଷେ, ସବୁ କିଛି ନେଉଛ ଫେରାଇ
କାହିଁକି ଆସିଲ, କିଆଁ ଚାଲିଗଲ ଜାଣି ମୁଁ ନ ପାରେ ।

ରୂପଲୁବ୍‌ଧ-ପ୍ରଜାପତି ଦେଖେ କ'ଣ ଅନ୍ତରର ଦୃଶ୍ୟ ?
ତୁମେ ଆଉ ପ୍ରୀତି ତୁମ ମୋ ଆଖିରେ ବିରାଟ ରହସ୍ୟ ।

୬୯

ଆକାଶଭରି ଉଠିଛି ଝଡ଼ ଆଜି
ସାଗରେ ନାଚେ ତରଙ୍ଗର ମାଳା,
ଥରଇ ରାତି ଗରଜେ ଶଙ୍ଖଚୂଡ଼
ଆକାଶେ ନାଇଁ ଗୋଟିଏ ହେଲେ ତାରା ।

ମନେ କି ପଡ଼େ ଶକୁନ୍ତଳେ,ଆଜି
ଏମିତି ଝଡ଼ ଗଭୀର କଳା ରାତି,
କେତେ ଯେ ଆଶା ସପନ ଗଲା ହଜି
ଝଡ଼ରେ ହାତ ଛିନ୍ନ କଲା ସାଥୀ ।

ମନେ ମୋ ଆଜି ଝଡ଼ର ସୁର ବାଜେ
ତୁମରି କଳା କବରୀ ଦୂରୁ ଡାକେ,
ତୁମରି ନୀଳ-ନୟନ ସୁରା ମୋହେ
ଅଜଣା କେତେ ବେଦନା ଜାଗେ ବୁକେ ।

ଜୀବନେ କେତେ ଯାଇଛି ଝଡ଼ ବହି
ଦେଇଛି କିଛି, ଯାଇଛି କିଛି ନେଇ ।

୭୦

ଜଳିପୋଡ଼ିଯାଏ ନିତିପ୍ରତି ଏଇ ଜୀବନ
କେତେ ଜଞ୍ଜାଳ, କେତେ ବେଦନାର ନିଆଁରେ,
କେତେ କେତେ କଥା ମଥା ଦିଏ ନିତି ଘୂରାଇ
ଭୁଲିହୁଏ ନାଇଁ ତଥାପି, ତୁମକୁ କିଆଁ ରେ ?

ଛଳଛଳ ତୁମ କଜଳ ଆଖିର ଚାହାଣି
କାହିଁ କେତେ ଦୂରୁ ଭାସିଆସି ଦିଏ ଦେଖା ଗୋ,
କଳକଳ ତୁମ ବୁକୁର କରୁଣ-ରାଗିଣୀ
ଆଖିର ଲୋତକ ଛାତିରେ ରହିଛି ଲେଖା ଗୋ ।

ଶୁଣିଲ ତ କେତେ ବୁକୁର ଗୋପନ ବାରତା
କେତେ ଫୁଲ ଫୁଟି ଝରିଲା ଜୀବନ-କାନନେ,
ସବୁ ଲାଗେ ମିଛ, ତୁମେ ଖାଲି ଏକା ସତ ଗୋ
ତୁମରି ମୂରତି ପୂଜାଏ ନୀରବେ ମଉନେ ।

ଯଉବନର ସେ ପହିଲି-ପହର-ସପନେ
ଆସିଥିଲା ଯିଏ ଭୁଲିବି ତାହାରେ କେସନେ ?

୭୧

ଭଲପାଇ ମୋତେ ଭୁଲାଇଦେଲ ସକଳ ବ୍ୟଥା
ଲୁହ ଢ଼ାଳି ଲୁହ ବୁହାଇ ଗଲ ନୟନୁ ମୋର,
ନିଜେ ହସି, ମୋତେ ହସାଇ ଗଲ କେତେ ନା କେତେ
ନିଜେ ଶିଖି, ମୋତେ ଶିଖାଇ ଗଲ ପ୍ରୀତିର ସୁର ।

ସବୁ ଦେଇସାରି ଯାଇଛ ଚାଲି, ସକଳ ଭୁଲି
ଭୁଲିଗଲ ସିନା, ଭୁଲାଇ ମୋତେ ପାରିଲ ନାହିଁ,
କାହିଁ କେତେ ଦୂରେ ଗୋପନେ ଆଜି ରହିଛ ସିନା
ଗୋପନେ କିପରି ରହିବି, ମୋତେ କହିଲ ନାହିଁ ।

କୋମଳ ହୃଦୟ ପଥର କରି, ନୟନ ଲୁହ
ଲୁଚାଇ ତ ଆଜି କେଉଁଠି କହ ରହିଲ ଯାଇ,
ଅତୀତ ପୀରତି ସ୍ମୃତି ଯେତେ ସକଳ ଭୁଲି
କାହିଁ ଆସିଥିଲ, କୁଆଡ଼େ ଗଲ ଜାଣିଲି ନାହିଁ ।

ସବୁ ଗୋଟି ଗୋଟି ଶିଖାଇଗଲ, ପାଖେ ମୋ ଥାଇ
ବିରହେ କିପରି ଚଳିବି କିଆଁ କହିଲ ନାହିଁ ।

୭୨

ପାଦ ମୋ ଖସିଲା ସରବେ ମାରିଲେ ତାଳି
କେତେ ନୀତି-ବାଣୀ ଶୁଣାଇଣ ଦେଲେ ଗାଳି,
କେହି କି ବୁଝିଲା, କାହିଁକି ଖସିଲା ପାଦ
କିଏ ସେଥିଲାଗି ଦାୟୀ ? କା'ର ଅପରାଧ ?

ଜୀବନେ କି କେବେ ଭୁଲିଥିଲି ପଥ ଦିନେ
ପଡ଼ିଥିଲି କେବେ କେଉଁଠି କି ପ୍ରଲୋଭନେ ?
କେଉଁ ସୁଖ ଆଶେ ବିପଥେ କରିଲ ଗତି
ବୁଝିଛି କି କେହି ଦରଦୀ ହୃଦୟ ପାତି ?

କେତେ ଦୁଃଖ କେତେ ବେଦନା ସହି ଏ ପ୍ରାଣେ
କୋଟି ବିଫଳତା ଭୁଲିବାକୁ ଭାଜି ମନେ,
ଅସୀମ ଦୁଃଖର ସାଗରେ ନ ପାଇ କୂଳ
ଭାସିଗଲି ଯେବେ, ଅପବାଦ ହେଲା ମୂଳ ।

କେହି କି ଜାଣିଲା ବୁକୁର ବେଦନାଧାରା ?
ଆଜି ଚାରିଆଡ଼େ ନାଗରା ବାଜୁଛି ପରା ।

୭୩

ଭଲପାଇଥିଲି ବୋଲି ଭୁଲିପାରି ନାହିଁ ଗୋ
ସେଥିଲାଗି କିଆଁ ଏତେ ଅପବାଦ ଦେଉଛ,
ସ୍ନେହ କରିଥିଲି ବୋଲି ସିନା ଆଜି ସହେ ଗୋ
ଯେତେ ଯେତେ କଥା ତୁମେ ସବୁ ନିତି କହୁଛ ।

ପୀରତିର ପକ୍ଷୀ ଉଡ଼ିଗଲେ ଆଉ ଫେରେନା
ସୁନା-ପିଞ୍ଜରା ଚିରକାଳ ରହେ ଖାଲି ଗୋ,
ମଉଡ଼ ତଟିନୀ ଶୁଖିଗଲେ ଆଉ ଝରେନା
ଜୀବନ ପାଲଟେ ନିରାଶାର ମରୁବାଲି ଗୋ ।

ପକ୍ଷୀ ଲାଗି ଝୁରେ ସୁନା-ପିଞ୍ଜରା ତା'ର ଗୋ
ମରୁବୁକୁ ଝୁରେ ତଟିନୀ ଶୀତଳ ପରଶ
ଫେରିଗଲା ଧନ ଆଉ ତ ବାହୁଡ଼ି ଆସେନା
ସାର ହୁଏ ଖାଲି ଚାହିଁବା ବରଷ ବରଷ ।

ଆକୁଳ ନୟନ ବୁକୁର ବାରଣ ମାନେନା
ଭଲପାଇଥିଲେ ଭୁଲିବା ସହଜ ହୁଏନା ।

୭୪

ଜୀବନରେ ଯେବେ ଅକାଳ-ବତାସି ଉଠେ
ସେତେବେଳେ କିଆଁ ତୁମ କଥା ପଡ଼େ ମନେ ?
ଆପଦେ-ବିପଦେ ଶତ ଜଞ୍ଜାଳମେଳେ
ଜଣାପଡ଼େ, କିଏ ସାହା ଥିଲା ପରି ଜଣେ ।

ନିଛାଟିଆ ଏଇ ଧରଣୀର ରାଜପଥେ
ନୀରବେ ଏକାକୀ ଚାଲୁଥାଏ ଯେତେବେଳେ,
ନାହିଁ ଲାଗେ ଭୟ, ନ ଗଣଇ ପଥବାଧା
ମନେହୁଏ କିଏ, ପାଶେ ଅଛି ସଦାବେଳେ ।

ଜୀବନ-ଯୁଦ୍ଧେ ଅଗଣିତ ତାର ଯେବେ
ଏ ଦିନ କବିରେ ଆଘାତ ଦେବାକୁ ଛୁଟେ,
କିଏ ଆସି ହୁଏ ସହସା ଆଗରେ ଠିଆ
ହସି ହସି ତା'ର ସୁକୁମାର ବୁକୁ ପାତେ ।

ଆପଦେ-ବିପଦେ, ଅଭାବ-ଓପାସେ ସଦା
ପାଶେ ମୋର ଠିଆ ଲୋକ-ନିନ୍ଦିତା ରାଧା ।

୭୫

ରଜନୀ ଗଭୀର ରାଜପଥ ହେଲେ ନୀରବ,
ସଜନୀ ମୋ ଆସେ, ଶଙ୍କିତ-ଚାରୁ-ଚରଣା,
ଦିଶେ ଦିଶେ ଭାସେ, ଶରୀର-କୁସୁମ ସୁରଭି
ତିମିରିତ ପଥ ଝଲସାଏ ହେମବରଣା ।

କବରୀ-କୁସୁମ-ଗନ୍ଧେ ବାସନା ବିଳସେ
ଅନ୍ଧ ଅଳି ମୁଁ ରୂପ-ସୁରା ପିଇ ଭୁଲଇ,
ହୃଦ୍କୁଞ୍ଜତଳେ ମୋର ନବୀନ ବେହାଗ ବାଜେ ରେ
ସରଗ ସାଥେ ମୁଁ ପ୍ରିୟା-ବୁକୁ-ସୁଖ ତୁଳଇ ।

ବନଫୁଲ ଝରେ, ରାତି-ପକ୍ଷୀ ଗାଏ କବିତା
ପ୍ରିୟା-ତନୁ-ତୀରେ ଦେଖେ ମୁଁ ନିୟୁତ ସପନ,
ମଳୟ ପବନ ବହିଆଣେ କେତେ ବାରତା
ହଜି ହଜି ଯାଏ ଜଡ଼ ଜୀବନର ଚେତନା ।

ଉପରେ ଆକାଶ, ସବୁଜ ଧରଣୀ ତଳେ
ସବୁ ଭୁଲେ କବି, ଅଭିସାରିକାର କୋଳେ ।

୭୬

ଏଇପରି ଦିନେ ମେଘ-ମେଦୁରିତ ସଜଳ-ଶ୍ରାବଣ-ଲଗନେ
ବରଷା-ଆସରେ ଭିଜି ଭିଜି ତୁମେ ଆସିଥିଲ ମୋର ଭବନେ,
କାରୁ-କବରୀର ଫୁଲ-ପାଖୁଡ଼ାରୁ ଝରିପଡୁଥିଲା ନୀର
ସେ ଦିନର ସେଇ ସିକ୍ତ-ସୁଷମା ପାସୋରଯାଇନି ମୋର ।

କୋଟିଏ ରାତିର ସପନ ଫୁଟାଇ ନୀଳ-ନୟନର ତୀରେ
ତରୁଣୀ ବୁକୁର ଅକୁହା କାହାଣୀ କହିଲ ସଜନୀ ମୋରେ,
ମାଦକ-ମଧୁର, ବେଦନା-ବିଧୁର ଅଧୀର ଚାହାଣି ହାଣି,
ପଲକରେ ପ୍ରିୟା ପୁଲକିତ କରି ଏ ପରାଣ ନେଲ କିଣି ।

ଶୀତଳ-ଶରୀର-ପରଶେ ପରାଣେ ଛୁଟାଇଲ ଶିହରଣ
ଯେତେ ଯାହା ତୁମେ କହିଥିଲ ସବୁ, ଆଜି ସିନା ଅକାରଣ,
କାହିଁ କେତେ ଦୂରେ, ଅଜଣା କୁଟୀରେ, ସବୁ ତ ଯିବଣି ଭୁଲି
ଆଉ କି ଅତୀତ ଆସିବ ବାହୁଡ଼ି, ସଜାଇ ପୂଜାର ଥାଳି ?

ସେହି ବରଷାର ମଧୁ-ଅଭିସାର, ଏ ମନେ ରହିଛି ଲେଖା
ଶ୍ରାବଣ-ନିଶିରେ ମାନସ-ମୁକୁରେ ପାଏ ମୁଁ ତୁମର ଦେଖା ।

୭୭

ନିଜକୁ ହରାଇ ଏ ଜୀବନେ ବାରବାର
ତୁମରି ନୟନ ଅୟନେ ନୀରବେ ଖୋଜେ,
ଚାହିଁ ମୁଁ ପାରେନି ତୁମରି ନୟନ ନୀଳେ
ଯେତେ ବାର ଚାହେଁ ସବୁ ଥର ମରେ ଲାଜେ ।

ଏ ଜୀବନେ ଯେତେ ଗୀତ ଗାଇଥିଲି ଦିନେ
ସବୁ ଭୁଲ ବୋଲି ଆଜି ତ ପାରିଛି ବୁଝି,
ଅନୀତର ଯେତେ କଥା ଦେଇଥିଲି, ସବୁ
ମିଛ ବୋଲି ତାହା ଜାଣିପାରିଲିଣି ଆଜି ।

ସମ୍ମୁଖେ ମୋର ସାହାରା ମରୁର ବାଲି
ପଶ୍ଚାତେ ଭରା ବେଦନାର ହାହାକାର,
ତଥାପି ଜାଣିଛି ପରାଣେ ପିପାସା ନେଇ
ଆସିବ ମୋ ପାଶେ ଦିନେ ତୁମେ ଏକବାର ।

ବ୍ୟଥାର ବୀଣାରେ ଯେତେଗୋଟି ଗାନ ଉଠେ
ମୂଲ୍ୟ କି ତା'ର ନାଇଁ ଏ ଜୀବନେ ସତେ ?

୭୮

ବିଦାୟବେଳ କହିଲ ତୁମେ ନୟନ ଜଳେ
ଯାଉଛ ପ୍ରିୟ ସକଳ ତେଜି ଅନେକ ଦୂରେ ।
ସତେ କି ଆଉ ଜୀବନେ ଆମ ହୋଇବ ଦେଖା
'ରହିବ ମନେ ଆଜିର ସ୍ମୃତି, ଅଶ୍ରୁମଖା ?'

ଜୀବନସାରା ସେଇ କଥା ହୋଇଲା ସତ
ହେଲାନି ଦେଖା କେଉଁଠି କେବେ ଅକସ୍ମାତ୍,
ନଗର, ଗାଆଁ, ସହର, ଦେଶ ବୁଲିଲି କେତେ
ସେଇ ସେ ଦିନୁ ଆଉ କବି ଦେଖିନି ତୋତେ ।

ତଥାପି ତୋ'ର ସକଳ କଥା ରହିଛି ମନେ
ମୁରଲୀ ବାଜେ ଏବେ ବି ମନ-ବୃନ୍ଦାବନେ,
ଯମୁନାଜଳେ ଅଜଣା କେତେ ଲହରୀ ଉଠେ
ତୋ ଲାଗି ମନେ ସ୍ମୃତିର କୋଟି କୁସୁମ ଫୁଟେ ।

ଜୀବନେ ସିନା ହେଲାନି ଦେଖା କେଉଁଠି କାହିଁ
ସ୍ମୃତି ତୋ ଏଇ ହୃଦୟ ଭେଦି ଯାଇଛି ରହି ।

୭୯

ତୋ ଦେହ ସବୁଜ କ୍ଷେତେ ମୋ ମନର ସ୍ୱର୍ଣ୍ଣ କୃଷ୍ଣସାର
ଭୁଲିଲା ଜୀବନ ସ୍ମୃତି ପଥଭ୍ରଷ୍ଟ ହେଲା ବାରବାର,
ଝଞ୍ଜାସମ ଗତି ତା'ର ରୁଦ୍ଧ ହେଲା, ଦଗ୍ଧ ହେଲା ତନୁ
ହଠାତ୍ ଉଭାଇଗଲା ସ୍ୱପ୍ନ ଶତ ମାନସ ଅୟନୁ ।

ଛଳନାର ଛଦ୍ମ ଜାଲେ ବନ୍ଧ ହେଲା ସୁକୁମାର ଦେହ
ମୁଁ ଭୁଲିଲି ଭବିଷ୍ୟତ ମୁଁ ଭୁଲିଲି ଅତୀତର ମୋହ,
ତୋ ତନୁ ତଟିନୀତୀରେ, ନାଗଫାଶ ବନ୍ଧନରେ ଥାଇ
କଲି କେତେ ଅନୁତାପ, ସତେ କ'ଣ ମୂଲ୍ୟ ତା'ର ନାହିଁ ।

ଆଉ କି ଫେରିବି ନାହିଁ ସମୟର ଖରଚକ୍ର ରଥ,
ଆଉ କି ଜୀବନ-ଭୂମେ ଜାଗିବନି ନବୀନ ପ୍ରଭାତ ?
ଆଉ କି ଏ ଦେହେ ମନେ ଉଠିବନି ଦୁର୍ନିବାର ଆଶା
ଆଉ କି ଏ କଣ୍ଠେ ମମ ଫୁଟିବନି ଅଗ୍ନିମୁଖୀ ଭାଷା ?

ସବୁ କି ଯାଇଛି ସରି, ଆଉ କିଛି ଆସିବନି ଫେରି
ତବ ତନୁ-ରୂପାନଳେ ଏ ଜୀବନ ଗଲା ସତେ ଜଳି ?

୮୦

ନୟନ-ଲୁହ ନାହିଁ ବାରଣ ମାନେ
ଲେଖିବ କିସ ଆଜି, ପାଏନି ଭାଷା,
ତୁମରି ପାଶେ ଯେତେ କରିଛି ଦୋଷ
କ୍ଷମିବ ସଖୀ ମୋର ଏତିକି ଆଶା ।

କହିଛି କଟୁକଥା, ଦେଇଛି ଗାଳି
ହୃଦୟେ କେତେ ବ୍ୟଥା ଦେଇଛି ତୁମ,
ନୟନୁଁ ନୀର ଢ଼ାଳି ସହିଛ ସିନା,
କରିନ ପ୍ରତିବାଦ ପ୍ରେୟସୀ ମମ ।

ଦୁନିଆ ପଥେ ଘାଟେ ବସିଛି ସଭା
ସହିଛ ସବୁ ସିନା ମୋହରି ଲାଗି,
ଚାଲିଛ ନତ-ଆଖେ ନୁଆଁଇ ମଥା
ଭୁଲିଛ ସବୁ ମୋର ପୀରତି ମାଗି ।

ତୁମରି ପ୍ରେମ ଲାଗି ଭାଜନ ମୁଁ କି ?
ସକଳ ଅପରାଧ କ୍ଷମ ମୋ ସଖୀ ।

୮୧

ନିସ୍ତବ୍ଧ ଗଭୀର ରାତ୍ରି, ଜନହୀନ ନିଦ୍ରିତ ଧରଣୀ
ଆକାଶ ପୃଥିବୀ ଘେରି ଜ୍ୟୋସ୍ନାର ଏ ଉଲଗ୍ନ ବିଳାସ
ପ୍ରାଣେ ଆଣେ କାମନାର ତୀବ୍ର ଜ୍ୱାଳା, ପ୍ରଚୁର ଉତ୍ତାପ
ଏ ଦେହର ରକ୍ତ-ମାଂସେ, ଜାଗେ କ୍ଷୁଧା ଅସୀମ ଅଶେଷ ।

ଅସହ୍ୟ ଦୂରନ୍ତ ଜ୍ୱାଳା କରେ ମୋତେ ଅଥୟ ଅଧୀର
ରୁଦ୍ଧ କରେ କକ୍ଷଦ୍ୱାର, ରୁଦ୍ଧ କରେ ମୁକ୍ତ ବାତାୟନ,
ରୁଦ୍ଧ କରି ଅନ୍ତରର ଉଦ୍‌ବେଳିତ ଦୁର୍ବାର ଲାଳସା
ମୁଁ ଖୋଲେ ତୁମର ପତ୍ର, ଭୁଲିବାକୁ ଶୋଣିତ କଷଣ ।

ମୁକ୍ତାନିନ୍ଦୀ ହସ୍ତଲିପି, ସୁଧାସ୍ରାବୀ ମଧୁର ଭାରତୀ
ଆମ କ୍ଷୁଦ୍ର ଅତୀତର କେତେଗୋଟି ମୁଗ୍ଧ ଅନୁଭୂତି,
ଭୁଲାଏ କ୍ଷଣିକ ତ୍ରୁଟି, ମୁହୂର୍ତ୍ତର ବାସନା ବିକାର
ହସି ହସି ଆଖିଆଗେ ଠିଆହୁଏ ତୁମ ଛାୟାମୂର୍ତ୍ତି ।

ଅନ୍ତର-ସାଗରେ ମୋର ତରୀ ଯେବେ ହୁଏ ପଥହରା
ତୁମେ ତ ଦେଖାଅ ପଥ, ଜୀବନର ଦୀପ୍ତ ଧ୍ରୁବତାରା ।

୮୨

ନ କହିବାକୁ ଯେତେ ଭାଜିଛି ସଖୀ
ପାରିନି ରୋକି କିଛି ଦେଇଛି କହି,
ଜୀବନେ ଯାହା କିଛି ଗୋପନ କଥା
ତୁମର ମୋର ଯାହା ଘଟିଛି ସହୀ ।

ନ ଝୁରିବାକୁ ଯେତେ ଭାଜିଛି ମନେ
ଅତୀତ କାଳର ସେ ମଧୁର ସ୍ମୃତି,
ନ ମାନି ମନା ମୋର ନ ଗଣି ବାଧା
ପଡ଼ିଛି ମନେ ସବୁ ଗୋଟିକି ଗୋଟି ।

ନ ଲେଖିବାକୁ ଯେତେ କବିତା କଥା
କରିଛି ଶପଥ ଏ ଜୀବନସାରା,
ପାରିନି ଜିତି ସଦା ଯାଇଛି ହାରି
ଏ ପ୍ରାଣ ଛୁଟାଇଛି କବିତାଧାରା ।

କହିଛି ସବୁ କଥା, ଝୁରିଛି ତୋତେ
ଲେଖିଛି କବିତା ତ କେଜାଣି କେତେ ।

୮୩

ତୁମ ଅଭିମାନ ତୁମ ଅଭିଯୋଗ ଯେତେ
ସବୁ ମୁଁ ସାଇତି ରଖିଛି ସଜନୀ ଏଥେ,
ଛଳ ଛଳ ତୁମ ବୁକୁର କାହାଣୀରାଜି
ଏବେ ବି ପରାଣ-ବୀଣାତାରେ ଉଠେ ବାଜି ।

ବିତିଲା ଜୀବନ ତୁମ ପଥ ଚାହିଁ ଚାହିଁ
ବହୁଦୂରେ ଥାଇ କିଛି ତ ଜାଣିଲି ନାହିଁ,
ନୟନୁଁ ଲୋତକ ଧାର ଧାର ନିତି ଝରି
ଆଉ ତ ଝରୁନି, ଗଲାଣି ତ ସବୁ ସରି ।

ତୁମ ଲାଗି ସବୁ ଆଶାର କୁସୁମ ଜାଳି
ବେଦନା ଯାତନା କରିଲି ମୋ ଗଳାମାଳି
ଦାରୁଣ ଦହନେ ପୋଡ଼ି ହେଲି ଛାରଖାର
ସୁନାର ଜୀବନ ହେଲା ମୋର ନାରଖାର ।

ତୁମେ ଯଦି ନାହିଁ, କି ଲାଭ ଜୀବନ ଧରି ?
ସେଇ ଅଭିମାନେ ନିଜକୁ ଦେଇଛି ସାରି

୮୪

ବର୍ଷା-ରାତି, ତ୍ରସ୍ତ-ଛାତି, ସଜନୀ
ତୃଷା-ଭରା, କୃଷ୍ଣା-କେଶୀ ରଜନୀ,
ରିକ୍ତ-ବୁକୁ, ତିକ୍ତ-ମନ ବାହୁନେ
ଚମ୍ପା-ହାସୀ, ଶମ୍ପା-ଗୋରୀ ବିହୁନେ ।

ବଜ୍ର ବାଜେ, ରୁଦ୍ର-ରୋଷେ ଆକାଶେ
ସ୍ନିଗ୍ଧା-ଦେହା, ମୁଗ୍ଧା ନାହିଁ ମୋ ପାଶେ,
ଦଗ୍ଧ କରେ, ବିଦ୍ଧ କରେ ନାରାଚେ
ମନ୍ମଥ ମୋ, ସ୍ୱର୍ଣ୍ଣ-ମନ-ମାରୀଚେ ।

ପକ୍ଷ୍ମତଳେ ସ୍ୱପ୍ନ କୋଟି ଲାଗଇ
ବକ୍ଷତଳେ ଲକ୍ଷ-ଆଶା ଜାଗଇ,
ରକ୍ତେ ଉଠେ, ସୁପ୍ତ ଶତ ବାସନା
ତୃପ୍ତି ନାହିଁ, ମୁକ୍ତି କାହିଁ ମିଳେନା ।

ସର୍ପ ସମ ସ୍ମୃତି ମୋତେ ଦଂଶଇ
ଚକ୍ଷୁଭରା ଅଶ୍ରୁରେ ମୁଁ ଭାସଇ ।

୮୪

ତୁମେ କହିଥିଲ ମରଣ-ଶେଯରେ ଖୋଜିବ
ଆରପାରେ ଯେବେ ଯିବା ପାଇଁ ରଥ ସାଜିବ,
ସମାଜ-ରାଜାର ଆଇନ୍-କାନୁନ୍ ଭାଜିବ
ଆକାଶ ଫଟାଇ ପୀରତିର ଭେରୀ ବାଜିବ ।

ଚକିତେ ଚମକି ପଛକୁ ଫେରିବ ମରଣ
ନବୀନ-ଜୀବନ ଜାଗିବ ନ ମାନି ବାରଣ,
ସେତେବେଳେ ତୁମେ କବିରେ କରିବ ବରଣ
ଶତ ଅପବାଦ ଦଳିବ ଚଳାଇ ଚରଣ ।

ଏଇ ଦେହ ଶେଷେ, ଅଦେହରେ ଆମେ ମିଶିବା
ବାସନା ବିନାଶ, ବୁକୁଭରା ହସ ହସିବା,
ଧୂଳିର ଧରଣୀ ବରଜି ଆକାଶେ ଭାସିବା
ମଳୟ-ମହକେ ବେଳେବେଳେ ତଳେ ଆସିବା ।

ସବୁ ଆଜି ସିନା ପାଲଟିଛି ଦିବା-ସପନ
ତୁମ ଆଗୁଁ କବି ମରଣ କରୁଛି ବରଣ ।

୮୬

ଯେତେ ଭୁଲିବି ବୋଲି, ମନେ ଭାବିଲି ବସି
ସେତେ ପଡ଼ିଲ ମନେ, ତୁମେ ପରାଣ-ସଖୀ,
କହ, କିପରି ତେବେ ଭୁଲିପାରିବି ଆହା
ଖାଲି ବେଦନା ଦେଲ ସିନା ଦିବସ ରାତି ।

ତୁମେ କେଉଁଠି ଆଜି, କେତେ ଯୋଜନ ଦୂରେ
ଦିନ କିପରି କାଟ, ସବୁ ଅଜଣା ମୋତେ,
ତେବେ କହ ଗୋ କିଆଁ, ନିତି ପଡ଼ ମୋ ମନେ
ଆଉ ପରତେ ନାଇଁ, ମନେ ଥିବି ମୁଁ ସତେ ?

ସତେ ତୁମେ କି ପ୍ରିୟେ, କେଉଁ ଅଜଣା ପୂରେ
ଆଜି ଝୁରୁଛ ମୋରେ, ଢ଼ାଳି ନୟନୁ ନୀର,
ଆମ ଅତୀତ କଥା, ଦିଏ ପରାଣେ ବ୍ୟଥା
ମୋହପରି ବି ବୁଜେ ତବ ବେଦନା ଘୋର ।

ଆଖି ଆଖିର ଲୁହେ, ଧୋଇ ବୁକୁର ଦାହ
ଆମେ ଗାଉଛେ ନିତି ପରା ପ୍ରୀତିର ଜୟ ।

୮୭

କବିତା କାହାଣୀ ଯେତେ ତୁମ ନାମେ ଲେଖା
ସବୁଠି ତ ତୁମ ଲାଗି ଯଶ ଗଉରବ
ତୁମରି ପୀରତି ଦିଏ କେତେରୂପେ ଦେଖା
ଗୋଟିଏ ଫୁଲର ସେ ତ କୋଟି ସଉରଭ ।

ନିଜକୁ ନିଃଶେଷ ନିତି ତିଳ ତିଳ କରି
ମୁଁ ଗଢୁଛି ନୀରବରେ କୋଣାର୍କ ନୂତନ,
ଅପନ୍ତରା ବେଳାଭୂମେ ଏକାକୀ ଉଦାସେ
ମୁଁ ଗାଉଛି ପ୍ରୀତିପୂତ ଗାନ ସନାତନ ।

ସେ ଲାଗି ବେଦନା ବାଜେ ମରମେ କି ତବ
ସରମଭାରେ କି ତୋଳି ହୁଏ ନାହିଁ ମଥା,
ଅତୀତର ଅନୁଭୂତି ହୁଏ ନାହିଁ ପଢ଼ି
ଚକିତେ ଚମକି ଉଠ, ପାଇ ପ୍ରାଣେ ବ୍ୟଥା ।

ତୋ'ଠାରୁ ଅନେକ ଦୂରେ ଦାନ କବି-ତିରେ
ସମବେଦନାର ବାଣୀ ଅଜାଣତେ ଉଠେ ।

୮୮

ତୁମେ କହିଥିଲ ଥରେ ବହୁଦିନ ତଳେ
ଦେଖା ହେବ ଯଦି କେବେ ଦୂର ଭବିଷ୍ୟତେ
କହିବ ସକଳ କଥା, ଶୁଣିବ ମୋ ବାଣୀ
ଭୁଲିବନି ଆଜିର ଏ ମଧୁସ୍ମୃତି ଯେତେ ।

ବିତିଛି ଅନେକ ଦିନ ଜୀବନ-ଜଞ୍ଜାଳେ
ମିଳିନାହିଁ ଅବସର ହୋଇନାହିଁ ଦେଖା,
କେତେ ବ୍ୟଥା-ବେଦନାର ଗଭୀର ଆଘାତେ
କବିତା କାହାଣୀ କିଛି ହୋଇନି ତ ଲେଖା ।

ସ୍ମୃତିର ସାଗରତଳେ ତୋର ଅନୁରୋଧ
ବହୁମୂଲ୍ୟ ମୁକ୍ତାସମ ରଖିଛି ସାଇତି,
ଜୀବନର ଝଡ଼ଝଞ୍ଜା ଦୁର୍ଦ୍ଦିନ ବତାସ
ପାରିନାହିଁ ଛୁଇଁ ତାରେ ଚେଷ୍ଟା କରି ନିତି ।

ପାରୁନାହିଁ ବୁଝି, ତେବେ କିଆଁ ତୁମେ ଆଜି
କଲନାହିଁ ଦେଖା, କଥା ହେଲନାହିଁ କିଛି ।

୮୯

ଶେଷଥର ପାଇଁ ଆଜି ଦେଖିଥାଏ ତୁମ ଛବି, ଚୁମିଥାଏ ଚୁମିଥାଏ ଥରେ,
ଏ ନିଷ୍ଠୁର ହାତ ମମ ଆସିଛି ପ୍ରତିଜ୍ଞା କରି ଦେବାପାଇଁ ସବୁ ପୋଡ଼ିଜାଳି,
ଭୁଲିବାକୁ ହେବ ସିନା ଅତୀତର ସବୁ ସୁଖ, ସ୍ନେହ-ପ୍ରୀତି ମାନ-ଅଭିମାନ,
କିନ୍ତୁ ଆଜି ମନେପଡ଼େ, ଯେବେ ମୋତେ ଦେଇଥିଲ ଦିନେ ଏଇ ଛବି ତବ ତୋଳି

ଆଖିରେ ଏବେ ବି ଲେଖା ସେଦିନର ସେଇ ସ୍ୱପ୍ନ, ସେଇ ମାୟା ସେଇ ଇନ୍ଦ୍ରଜାଲ
ଅଧରେ ଏବେ ବି ଉଠେ, ସେଇ ସ୍ନିଗଧ ହସ, ଧୀର ଶାନ୍ତ ମଧୁର ଲଳିତ,
କୁଞ୍ଚିତ ଚିକୁର ତବ ଛନ୍ଦେ ଚିତ୍ତ, କଳପନା ଭାବଧାରା ସବୁ ଏ କବିର,
ଲଳିତ ତନୁର ଚିତ୍ର ଦଗଧ କରେ ମନପ୍ରାଣ, କରେ ଚିତ୍ତ ଉଦ୍‌ବେଳ ଉନ୍ମର ।

ଏ ଛବି ଦେଇଛି ମୋତେ ପ୍ରେମ-ପ୍ରୀତି-ସ୍ନେହ-ବୋଳା ମଧୂମୟ ଅମିୟର ଧାରା
ମୋ ଲାଗି ସହିଛ ଶତ ଅପବାଦ ନିନ୍ଦା ଗାଳି, ଉପହାସ ନିର୍ମମ ଲାଞ୍ଛନା,
ମୋତେ ପୁଣି ପାଦେ ଠେଲି ଯାଇଅଛି ବହୁଦୂରେ ଶଠତାର ଗରଳ ଉଗାରି
ଏ ପୁଣି ଦେଇଛି ମୋତେ ଅବହେଳା, ଅଭିଶାପ, ଦୁର୍ବିସହ ଚିନ୍ତା ପ୍ରତାରଣା ।

ବହୁଦିନୁଁ ସଯତନେ ସଂଗୋପନେ ଯା'ର ଛବି ମୋର ପାଶେ ପାଶେ
ରଖିଥିଲି ଦେଖୁଥିଲି ନିତିଦିନ ଆଜି ତାକୁ ନଷ୍ଟ କଲି ଶେଷେ ।

୯୦

କେତେ କା' ପୀରତି-ପାଗଳ ପରାୟେ ଖୋଜିଛି ଧରଣୀ ବୁକେ
ମିଳନ-ବ୍ୟାକୁଳ ମନ ମୋ ଚାହିଁଛି କୋମଳ ପରଶ କେତେ,
ପଥ ବୁଲି କେତେ ବିପଥେ ଧାଇଁଛି, ମାନ-ଅପମାନ ସହି
ତଥାପି ତୁମକୁ ପାରିଲିନି ଭୁଲି, ସାଇତି ରଖିଛି ଚିତ୍ତେ ।

କେତେ କା' ବୁକୁରେ ଦେଖିଛି ସପନ, ନୟନେ ନୟନ ଥାପି
କେତେ କା'ର ପଥ ଚାହିଁ ଚାହିଁ ଶତ ରଜନୀ ଯାଇଛି ପାହି,
କେତେ ନାଗରିକ ପାଶେ ହାତ ପାତି, ମାଗିଛି ପୀରତି-ସୁଧା
ତଥାପି ତୁମକୁ ଏ ଜୀବନଭରି କେବେ ଭୁଲିପାରିନାହିଁ ।

ଯେତେ ମୁଁ ପାଇଛି, ସବୁଠି ଭରିଛି ସୀମାହୀନ ହାହାକାର
ସେତିକି ବଢ଼ିଛି ବୁକୁର ପିପାସା ଯେତିକି ମୁଁ ଅଛି ଧାଇଁ,
ଯେତେ ଯେ ଢ଼ାଳିଲେ ଜୀବନ-ମରୁରେ ସେନେହ-ସଲିଳଧାରା
ତୁମ ପରି କେହି ସକଳ ବେଦନା ଭୁଲାଇପାରିଲେ ନାହିଁ ।

ସକଳ ମିଳନ ବ୍ୟର୍ଥ ଆଜି ରେ ତୃପ୍ତି ସେଥିରେ କାହିଁ ?
ତୁମର ବିରହ ସତ୍ୟ ସିନା ଗୋ, ବିରାଟ ତହୁଁ କେ ନାହିଁ ।

୯୧

ତୁମର ଅସଂଖ୍ୟ ପତ୍ର, ପ୍ରୀତି ପୂର୍ଣ୍ଣ, ସ୍ନେହ-ମଧୁଭରା
ରଖିଥିଲି ସାଇତି ମୁଁ ଅତି ଯତ୍ନେ, ପରମ ଆଦରେ,
ଦୁନିଆର ଦୁଃଖ-ଶୋକେ ହେଲେ କେବେ ବିଷଣ୍ଣ ବିଦୀର୍ଣ୍ଣ
ସେ ସବୁ ପଢ଼ି ମୁଁ ଭୁଲେ, ବିଧାତାର ନିଷ୍ଠୁର-ବିଚାର ।

ପ୍ରୀତି-ଢ଼ଳଢ଼ଳ ତୁମ ଅନାବିଳ ହୃଦୟର ଭାଷା
ଭୁଲାଏ ସକଳ ଦୁଃଖ, ଅପମାନ, ନିନ୍ଦା, ନିର୍ଯ୍ୟାତନା,
ସହସ୍ର ଆଘାତ, କ୍ଳାନ୍ତି, ମୁହୂର୍ତ୍ତକେ ବିସ୍ମରଇ କବି
ଉର୍ଦ୍ଧ୍ୱ-ଅଭିସାର ଲାଗି ପ୍ରାଣେ ଜାଗେ ନବ-ଉନ୍ମାଦନା ।

ପ୍ରତେ ହୁଏ, ସତେ ଯେହ୍ନେ ତୁମେ ରହି ପାଶେ ପାଶେ ମୋର
କାନେ କାନେ କହିଥାଅ- "ଜାଗ କବି, ତେଜ ଅବସାଦ,
ଦୁନିଆର ଦୁଃଖ-ଶୋକ, ବେଦନାର ବହୁ ଉର୍ଦ୍ଧ୍ୱେ ଉଠି
ଗାନକର ଜୀବନର ବୀଣା-ଯନ୍ତ୍ରେ, ଅନିନ୍ଦ୍ୟ ସଙ୍ଗୀତ ।"

ତୁମେ କାହିଁ କେତେ ଦୂରେ, ସେ ଅତୀତ ଯାଇଛି ତ ମରି
କିପରି ବଞ୍ଚିବ କବି କା' ଉପରେ ଆଜି ଆଶ୍ରା କରି ?

୯୨

ଆଜିର ନୀରବ ସନ୍ଧ୍ୟା, ନିଛାଟିଆ ନିର୍ଜନ ମୁହୂର୍ତ୍ତ
ମୁଁ ଏଠି ଏକାକୀ ଖାଲି, କେହି ନାହିଁ ଜଣେ କେହି ନାଇଁ,
ହଠାତ୍ ତୁମରି ସ୍ମୃତି ମନକୁ ମୋ ଆକ୍ରମଣ କରେ
ତୁମେ ଆଜି କେଉଁଠାରେ, କେତେ ଦୂରେ, କିଛି ଜାଣେ ନାହିଁ ।

ଏପରି ଅସ୍ପଷ୍ଟ ସନ୍ଧ୍ୟା, ଧାଡ଼ି ଧାଡ଼ି ତାରକାର ତଳେ
କହିଛ ଅନେକ କଥା, ଆଜି ସବୁ ହେଲାଣି ଅତୀତ,
ତୁମର କି ମନେ ଥିବ, ଆଜି କଣ ମନେ ପଡୁଥିବ ?
ଯେହେତୁ ତା' ଜାଣେ ନାହିଁ ଆଉ କେହି, ତୁମ ମୋ ବ୍ୟତୀତ ।

କେହି ତ ଜାଣିବେ ନାହିଁ, ସେ ଦିନର ଗୋପନ କାହାଣୀ
କେହି ତ ବୁଝିବେ ନାହିଁ, ଆମ ଅଶ୍ରୁ-ପ୍ରେମର କବିତା,
କେହି ତ ଶୁଣିବେ ନାହିଁ, ଆମ ଦୁଃଖ, ବ୍ୟଥା ଓ ବେଦନା
ଯୁଗ-ଯୁଗଧରି ଯାହା ଏ ବୁକୁରେ ରହିଛି ସାଇତା ।

ତଥାପି ଏପରି ସନ୍ଧ୍ୟା, ନୀରବତା ନିର୍ଜନ ମୁହୂର୍ତ୍ତ
ଥିଲା ତ ସେଦିନ ସାକ୍ଷୀ, ଦେଖିଛି ସେ ବୁଝିଛି ସମସ୍ତ ।

୯୩

ତୋତେ ଭୁଲିବି ଭାବିଛି ସହୀ ରେ
କେତେ ଅଭିମାନେ ଦହି ପରାଣ
କେତେ ଶପଥ କରିଛି ଜୀବନେ
ଆଉ କରିବିନି ବୋଲି ସ୍ମରଣ ।

ଯେତେ ଯାହା ଅଛି ବୁକେ ସାଇତା
ସବୁ ଜଳି ପୋଡ଼ି ହେଉ ପାଉଁଶ,
ଭାଳି, କେତେ ଥର ନିଆଁ ଧରିଛି
ଢ଼ାଳିଦେବାକୁ ହେଲାନି ସାହସ ।

ସବୁ ଅଭିମାନ ପରେ ଭାବେ ରେ
ଆଜି ଅଭିମାନ କରେ କା' ଲାଗି,
ଯିଏ ସବୁ ଦେଉଥିଲା ଅଜାଡ଼ି
ଦୂରେ ହଜିଗଲାଣି ସେ ଅଭାଗୀ ।

ଖାଲି ନୟନ-ଲୋତକ ସତ ହେ
ସବୁ ମାନ-ଅଭିମାନ ମିଛ ହେ ।

୯୪

ବହୁ ଦିନ ବିତିଲାଣି ତୁମର ମୋ ହୋଇନାହିଁ ଦେଖା
ଦେଇନାହିଁ ଚିଠି ଆଉ ହୃଦୟର ସବୁ ବ୍ୟଥା ଅନୁଭୂତି ପୀରତି ନିଗାଡ଼ି,
ଭାଳୁଥିବ ବୋଧେ ତୁମେ ସହି, ତୁମ ଅବହେଳା ପ୍ରତାରଣା ଘୃଣା ହତାଦର
ଭୁଲି ମୁଁ ଗଲଣି ସବୁ ତୁମ ସ୍ମୃତି ଏ ମନରୁ ଚିରକାଳ ଦେଲିଣି ଫୋପାଡ଼ି ।

ତୁମେ ଆଜି ବହୁଦୂରେ, ତୁମ ସହ ଦେଖା ନାହିଁ, କଥା ନାହିଁ, ପ୍ରଣୟର ସମ୍ଭାବନା ନାହିଁ,
ଯଦି କେବେ ଯାଏ ପାଶେ, ଜାଣିଛି ଆସିବି ଫେରି ଅପମାନେ ମୁକ ନତ କରି,
ତଥାପି କହୁଛି ସତ, ଯେତେବେଳେ ବେଳ ମିଳେ ଭାବିବାକୁ ନିରୋଳାରେ କେବେ
ସେତେବେଳେ ମନେପଡ଼, ତୁମେ ଆସ ଅତୀତର ପୃଷ୍ଠାପଟୁଁ ନୂଆ ରୂପ ଧରି ।

ଜୀବନ-ସଂଗ୍ରାମେ ଥିଲି ବ୍ୟତିବ୍ୟସ୍ତ ବହୁ କାଳୁଁ ବହୁ ଦିନଧରି
ମୁହୂର୍ତ୍ତକ ପାଇଁ ମୋତେ ନଥିଲା ତ ଅବସର ନଥିଲା ତ ବିଶ୍ରାମର ବେଳ,
ଅଭାବ ଓ ଅନାଟନ ସଙ୍ଗେ ଲଢ଼ି ଦିନରାତି ଚିନ୍ତାନଳେ ଜଳି
କ୍ଲାନ୍ତ ଏ କବିର ଥିଲା ବହୁ କାଳୁ ଲେଖନୀ ନିଶ୍ଚଳ ।

ବହୁ ଦିନପରେ ଆଜି ମୁହୂର୍ତ୍ତକ ପାଇଁ ଯେବେ ଅବସର ପାଇଲି ଜୀବନେ
ତୋ ସ୍ମୃତି ପଡ଼ିଲା ମନେ, ତୋ ପୀରତି ରୂପ ନେଲା ମରମେ ପ୍ରଥମେ ।

୯୫

ବିଫଳ ଜୀବନ ବୁକେ, ସକଳ ବେଦନା ସହି
ଭାଳୁଛି କାହିଁକି ତୋତେ ଭୁଲି ଆଉ ହେଲା ନାହିଁ,
କି ଅବା ଦେଇଛ ଦାନ, କି ଅବା କହିଛ କଥା
ଭୁଲିଯିବ ଲାଗି ତେବେ, କିଆଁ ଏତେ କାତରତା ?

ଏ ଆଖିର ଯେତେ ଲୁହ, ସବୁ ତ ଯାଇଛି ଝରି
ପରାଣର ଯେତେ ଆଶା ସକଳ ଗଲାଣି ମରି,
ଆଖିରେ ସପନ ନାଇଁ, ଲେଖନୀରେ ନାଇଁ ଭାଷା
ସେଦିନର କବି ଆଜି ଭୋଗେ କି ଦାରୁଣ ଦଶା ।

ତଥାପି କାହିଁକି ତୁମେ ବାରବାର ପଡ଼ ମନେ
ତୁମରି ଅତୀତ କଥା ପୁଣି ପୁଣି ବାଜେ କାନେ,
ତୁମରି ଚପଳ ଆଖି, ଥର ଥର ଯାଏ ଡାକି
ଯେଣିକି ଚାହେଁ ମୁଁ ଦେଖେ ତୁମରି ମଧୁର ଛବି ।

ସତେ କି ଜୀବନସାରା, ଭୁଲି ଆଉ ହେବ ନାହିଁ ?
ଦେଉଥିବ ଦୁଃଖ ଖାଲି, ଏ ମନଭିତରେ ଥାଇ ।

୯୬

ଏଇ ରଜନୀର ଅନ୍ଧକାରେ ମୁଁ କାହା କଥା ଭାବି ଲୋତକ ଢ଼ାଳେ
କାହା ରୂପ-ଛବି ଆଖିଆଗେ ନାଚେ, ଡୁବଇ ପରାଣ ଅତଳ ଜଳେ ?
କାହା ପରିଚିତ କଣ୍ଠର ଭାଷା, ଦୂରୁ ଭାସିଆସି ଶ୍ରବଣେ ବାଜେ
କାହା ଛାୟାରୂପ ଭିଡ଼ି ଧରିବାକୁ ଆକୁଳେ ବାହୁର ବଳୟ ସାଜେ ?

କାହାର ଶପଥ କାନେ କାନେ କହେ ଭୁଲିନାହିଁ ତୋତେ ଭୁଲିନି ସିଏ
ଅଭିମାନେ ଆଖି ଛଳଛଳ କରି ଉଭାହୁଏ ପୁଣି ଆଗରେ କିଏ ?
କାହା ପଛକଥା, ଦିହ-ଛୁଆଁଛୁଇଁ, ଥାକ ଥାକ ଚିଠି, ଆଖିର ଲୁହ
କେତେ 'ରାଣ' କେତେ ନିୟମସବୁରେ ମନେ ପଡ଼ି ବୁକେ ଲଗାଏ ମୋହ ?

ସିଏ ତ ଗଲାଣି ତା ଆପଣା ପଥେ, ଭୁଲିଲାଣି ସବୁ ଅତୀତ କଥା
ସେଦିନର ପ୍ରୀତି ଗଲାଣି ଉଭାଇ ଅରୁଣ କିରଣେ ଶିଶିର ଯଥା,
ସେନେହ, ସୋହାଗ, ପୀରତି, ମମତା, ମାନ, ଅଭିମାନ ସକଳ ଭୁଲି
ସିଏ ତ ବସିଛି ଦୁନିଆ ଦୁଆରେ, ମିଛ ଛଳନାର ବିପଣୀ ଖୋଲି ।

ସବୁ ମୁଁ ଜାଣୁଛି, ସବୁ ମୁଁ ବୁଝୁଛି, ତଥାପି ତ ସିଏ ପଡୁଛି ମନେ
ସବୁ ଦୋଷ ତା'ର ଭୁଲି ହୋଇଯାଏ, ଭଲ ପାଇଥିଲି ଯେହେତୁ ଦିନେ ।

୯୭

ଏଇ ଜୀବନେ ବନ୍ଧୁ ହେ ମମ, ଭୋଗିଲି ବେଦନା ଯେତେ
କହିବି କିପରି, କହିବି କିପରି – କହି କି ପାରିବି ସତେ ?
କହିଲେ ହସିବେ ଜଗତେ ଜନତା ଶୁଣିଲେ ମାରିବେ ତାଳି
ନ କହିଲେ ଦେବେ କେତେ ଅପବାଦ କେତେ ଅକରୁଣ ଗାଳି ।

ଜୀବନର ପଥେ ଦେଖିଲି ଯେ ଛବି ପାଇଲି ଯେ ଅନୁଭୂତି
ମଣିଷ ଭିତରେ ବଣ୍ୟ ପଶୁର ଚାଲିଛି ଯେ କରାମତି ।
କୁସୁମେ କୁସୁମେ କୀଟର ଯେ ଲୀଳା, ଆକାଶେ ଅଗ୍ନିରାସ
ଦେଖିଲି ବନ୍ଧୁ, ଥରାଇ ବକ୍ଷ ତେଜିଲି ଦୀର୍ଘଶ୍ୱାସ ।

ନିଜେ ମୁଁ କରିଲି ଅନଳ ସ୍ନାହାନ ସୁକୁମାର ତନୁ ଜାଳି
ନିଜେ ମୁଁ ଚାଲିଲି ନର୍କର ପଥେ ସକଳ ସ୍ୱପ୍ନ ଦଳି ।
ନିଜେ ମୁଁ ସହିଲି ବିପକ୍ଷ ତୀର ପତାଇ ପାଗଳ ଛାତି
ନିଜେ ମୁଁ ଗାଇଲି କଣ୍ଠ ଫଟାଇ ମରଣ-ମଧୁର-ଗୀତି ।
ସବୁ ମୁଁ କରିଛି ସବୁ ମୁଁ ସହିଛି କବିର ମର୍ମ ନେଇ
ସବୁ ଅନୁଭୂତି ସାଇତି ରଖିଛି କବିତା ଲେଖିବା ପାଇଁ ।

୨୮

ଜରାର କରାଳ ଛାୟା ଏଇ ଦେହ-ମନର ଆକାଶେ
ଯେ ଦିନ ଆସିବ ଘେରି ମରଣର ମହାଶଙ୍ଖ ବାଇ,
ଯୌବନର ସବୁ ସ୍ୱପ୍ନ ସୁଖ-ଶିରୀ ଗଉରବ ଗାନ
ମହାକାଳ ଲହରୀରେ ଯିବ ଯେବେ ନିମିଷେ ମିଳାଇ ।

ଏ ନୀଳ କଜ୍ଜ୍ୱଳ କେଶେ ବିଲସିବ ଧବଳ ବେଦନା
ଗଳିତ ଦଶନ ନେତ୍ର ଜ୍ୟୋତିହୀନ ସ୍ଥିର ଅଚଞ୍ଚଳ,
ନ ଥିବ କମ୍ପନ ଅବା ଲୋମେ ଲୋମେ ମଧୁ ଶିହରଣ
ଉଦ୍ଦାମ ଉଦ୍ଧତ ଏଇ ତନୁ ହେବ ଶିଥିଳ ଶୀତଳ ।

ଆଜିର ପ୍ରମତ୍ତ ବକ୍ତା ହରାଇବ ବାଗ୍ମିତାର ତେଜ
ଏ ମୁଗ୍ଧ-ବିଧୁର କବି-ଲେଖନୀରୁ ଛନ୍ଦ ଯିବ ମରି
ଆଖିରୁ ଲିଭିବ ସ୍ୱପ୍ନ, ଉଡ଼ିଯିବ କଳ୍ପନାର ପକ୍ଷୀ
ପ୍ରୀତି-ଢ଼ଳଢ଼ଳ ପ୍ରାଣ-ପାତ୍ରୁ ଯେବେ ରସ ଯିବ ସରି ।

ସେ ଦିନ ଆନନ୍ଦେ ଥରି ପ୍ରସାରିଣ ବେନି କର ମୋର
କହିବି- ସ୍ୱାଗତ ପ୍ରିୟ, ଏ ଜୀବନ ଅନ୍ତିମ ଦୋସର ।

୯୯

ମରଣ ହେ, ଆଜି ଚରଣ ଚଳାଇ ଆସ
କରୁଣେ ଏ କବି ତୁମରି ଶରଣ ମାଗେ,
ମିଛ ଏ ଜୀବନ, ମିଛ ଏ ଜନମ ସିନା
ତୁମେ ଏକା ଖାଲି, ସତ ବୋଲି ମନେ ଲାଗେ ।

କାହିଁକି ଆସିଲି ଧୂଳିର ମରତ-ଭୂମେ
କି ଅବା ପାଇଲି କାହାକୁ ବା ଦେଲି କିସ,
ଖାଲି ତ ଧାଇଁଲି, ମିଛ ମରୀଚିକା ପଛେ
ତୁଟିଲା କି କେବେ ବୁକୁର ବ୍ୟାକୁଳ ଶୋଷ ?

ପଥ ଭୁଲି, ନିତି ବିପଥେ କରିଲି ଗତି
ଶତ ଅପବାଦ, ଅଭିଶାପ ଶିରେ ବହି
କେତେ ନିରାଶାର ତାମସୀ ରଜନୀ ତୀରେ
ଖୋଜିଲି ଆଲୋକ, କିଛି ତ ପାଇଲି ନାହିଁ ।

ଜୀବନ-ତଟିନୀ ଲୋତକେ ଯାଇଛି ବହି
ମରଣ ହେ ! ତୁମ ପଥ ମୁଁ ବସିଛି ଚାହିଁ ।

୧୦୦

ଯେଦିନ ଆସିବ ଡାକ, ଯିବାପାଇଁ ଏ ଧରଣୀ ଛାଡ଼ି
ଭୁଲି ସବୁ ମାୟା-ମୋହ, କାଟି ସବୁ ବନ୍ଧନର ଡୋରି,
କେତେ ପ୍ରିୟ ପରିଚିତ, ସଖୀ ସାଥୀ, ବାଦୀ ପ୍ରତିବାଦୀ
କେତେ ହସ-ଲୁହେ ଭରା, ଧୂଳିର ଏ ମହା ସ୍ୱପ୍ନପୁରୀ ।

ସହସ୍ର ଜଞ୍ଜାଳେ ଦଗ୍‌ଧ, ବେଦନାରେ ବିଦୀର୍ଣ୍ଣ ଏ ପ୍ରାଣ
ଅୟୁତ ସପନେ ମୁଗ୍‌ଧ, ପ୍ରଣୟର ପ୍ରଲେପେ ଶୀତଳ
କେତେ ମଧୁ ଅନୁଭୂତି, କେତେ ସ୍ନେହ-ପ୍ରୀତିର ମାଧୁରୀ
ସବୁ ତ ପଡ଼ିବ ମନେ, ହେବ ନେତ୍ର ଲୋତକେ ସଜଳ ।

ସେତେବେଳେ ତୁମ ସାଥେ ଦେଖା ଯଦି ହେବ ଏ କବିର
ନିବିଡ଼ ବନ୍ଧନେ ଧରି, ବୁକେ ମୋର ଶେଷ ଥର ପାଇଁ,
ଧୋଇବି ଆଖିର ଲୁହେ ତୁମ ବୁକୁ, ବଦନ, କପୋଳ
କହିବି- "ବିଦାୟ ଦିଅ, ଏ ଜୀବନେ ଦେଖା ଆଉ ନାହିଁ ।

ପୁନର୍ଜନ୍ମ ସତ ଯଦି, ତାହା ହେଲେ ଆର ଜନମରେ
ପୁଣି ଆମ ଭେଟ ହେବ, ଅନାଗତ ଫାଲ୍‌ଗୁନ ସକାଳେ ।"

BLACK EAGLE BOOKS

www.blackeaglebooks.org
info@blackeaglebooks.org

Black Eagle Books, an independent publisher, was founded as a nonprofit organization in April, 2019. It is our mission to connect and engage the Indian diaspora and the world at large with the best of works of world literature published on a collaborative platform, with special emphasis on foregrounding Contemporary Classics and New Writing.

www.ingramcontent.com/pod-product-compliance
Lightning Source LLC
Chambersburg PA
CBHW060618080526
44585CB00013B/889
* 9 7 8 1 6 4 5 6 0 5 5 2 2 *